KLARTEXT

IMPRESSUM

1. Auflage April 2024
Herausgeber: Klartext Verlag
Redaktion: Kathrin Schulte-Lünzum, Alfred Knipper, Hannah Seidel, Jacqueline Meyer
Satz und Gestaltung: Birgit Lonsdorfer
Umschlagbild: dpa picture alliance/Photoshot
Umschlaggestaltung: Joachim Bartels
Druck und Bindung: Rehms Druck, Borken

ISBN 978-3-8375-2649-3

Alle Angaben ohne Gewähr
Redaktionsschluss: 31. Januar 2024

KLARTEXT

Klartext Verlag
Jakob Funke Medien
Beteiligungs GmbH & Co. KG
Jakob-Funke-Platz 1, 45127 Essen
info@klartext-verlag.de
www.klartext-verlag.de

INHALT

ZEICHENERKLÄRUNG

VVK = Vorverkauf
h = Uhr
Eintrittspreis
Info-Telefonnummer

Hinweis auf Coupons ab Seite 144, siehe jeweilige Nummer

COUPON NR. 00

BILDNACHWEIS

Adobe Stock: /Fiedels S. 23; /FotoStuss 130; /Michael 66; /Tobias Arhelger 13; | Andreas Mantler 157; | Axel Thünker 162; | Bielefeld Marketing GmbH: 136; /J.J. Schmidt 77; /M. Adamski 24, 46; | Christian Kaufmann 149; | Christian Ritter 159, 160; | Christian Schütt 141; | Christoph Goldberg 141; | Christoph van Leyen 31, 34; | Colin A. Bauer 109; | dpa picture alliance/imageBROKER /Jochen Tack 40; | Einstieg GmbH 92; | EMG: Christian Deutscher 139; /Ian Siepmann 123; /Kirsten Neumann 36; /Mike Henning 112; | Eugen Shkolnikov 30, 62, 84, 138; | Feuerwehr Recklinghausen 45; | Florian Straub 153; | Fotoagentur Ruhr: Bettina Engel-Albustin 105; | Frank Heldt 51; | FUNKE Foto Services: /Martin Möller 8, 102; /Bernd Thissen 143; /Franz Luthe 53; /Olaf Fuhrmann 28; /Oleksandr Voskresenskyi 91; / Oliver Müller 131; /Socrates Tassos 142; /Vladimir Wegener 71, 127; | Grafschafter Museum: Bettina Engel-Albustin 153, 154; | Hans Michael Spogahn, Waldemar Grabas 95; | Hinrich Wulff 150 | Holger Steffe 90, 151; | Hotzspots Georg Hotz 167; | IMAGO: /Chai v.d. Laage 58; /Eibner 9; /FUNKE Foto Service Lars Fröhlich 7; /Future Image 6; | Jochen Tack 135; | Jörg Lange 134; | Joshua Belack 110; | Julian Gebard 99; | Jürgen Sittig 137; | Kerstin Kokoska 61; | Kevelaer Marketing 68; | KreisMuseum Zons 161; | Krisherfotografie.de 52; | Kuboshow Kunstmesse 128; | Kultur und Werbung Lippstadt GmbH 121; | Kurzfilmtage/Daniel Gasenzer 30; | Leslie Barabasch 94; | Liedburger Gasthaus 158; | LVR-Archälogischer Park Xanten/LVR-RömerMuseum 162; | LVR-Industriemuseum 107; | Mario Kaspers 29, 118; | Marktimpuls 163; | Matthias Storb 163; | Merz Verlag 116; | Michael Staab 151, 152; | Moerenhof 163, 164; | MST: /Lokomotiv Fotografie S. 80, 140; /Björn Stork 83; /FotografieKöhring 39, 101 | Mud Masters 54; | Neanderthal Museum 161, 162; | Nico Schmitz 158; | Nieburg Theater 165, 166; | Nikolay Dimitrov 129; | OpenMind Management 35, 117, 147, 148, 155, 156; | Places Festival: Ravi Sejk, Medienmalocher 42; | Rainer Kruse 95; | Raum & Rummel GmbH 145, 146; | Recklinghäuser Zeitung: Jörg Gutzeit 43; | Reno Müller 146, 147, 148, 149, 150, 151, 152, 153, 154, 155, 156, 157, 158; | Rheine Tourismus Veranstaltungen 76; | Rheinlust 19; | Roland Christ 70; | RP 152; | RTG: /Julius Gnoth 48; /Marie Kliem 86; | Schloß Borbeck 150, 156; | sportzfreund GmbH 159, 160; | Stadt Bonn: Michael Sondermann 44; | Stadt Essen: /Christopher Hass 85; / Kulturamt 109; | Stadt Gladbeck 93; | Stadt Recklinghausen 103; | Stadt Warendorf 165, 166; | Stadtmarketing Herne GmbH: 47; /Hanjo Schumacher 104; /Markus Redding 80; | Stadtmarketing Stadt Straelen 63, 82; | Stadtmarketing Vreden/Gewers 42; |Steven Schilling 122; |Stiftung Zollverein/Jochen Tack 64, 113, 134; | Team X 167; | Thomas Berns 18, 126; | Thomas Rabsch 149; | Thomas Wolf 17; | Tierpark Brüggen 163, 164; | Unna Marketing 22; | Ute Hölscher 146; | Varieté et cetera 165, 166; | Veranstaltungsbüro Nolden GmbH 93; | Wallfahrtsstadt Kevelaer 20; | Waltroper Parkfest 96; | Wellfairs GmbH/Miriam Rippers 69, 78, 88, 106; | WeselMarketing GmbH 123; | Wikipedia: Baikonur CC BY-SA 4.0 12; / Raimond Speking CC BY-SA 4.0 10; | ZOOM Erlebniswelt 27, 57, 100; | Zutz 154

Hits fürs Wochenende

Nordrhein-Westfalen 2024

Über 500 Termintipps und Gutscheine im Wert von über 200 Euro!

Übersichtskarte NRW

Die Karte enthält alle Orte, die im Buch genannt werden.
Das Ortsregister beginnt auf Seite 170.

Petershagen
Weser
Lübbecke
Mittellandkanal
Minden
Halle
(Westf.)
BIELEFELD
Telgte
Ems
Lage
Warendorf
Gütersloh
Detmold
Rheda-
Wiedenbrück
Hövelhof
Bad Lippspringe
Hamm
Lippstadt
Paderborn
Bergkamen
Lippe
Bad Sassendorf
Lichtenau
Unna
Werl
Soest
Möhnesee
Warstein
Marsberg
Warburg
Ruhr
Arnsberg
Iserlohn
Sundern
Altena
Balve
Meschede
Lenne
Lennestadt
Winterberg
Olpe
Wenden
Hilchenbach
Siegen

Konzert- und Show-Highlights

Musik, Unterhaltung oder Kultur-Events verteilt in ganz NRW. Bevor die Veranstaltungstipps fürs Wochenende kommen, möchten wir Ihnen die spannendsten Konzerte, Shows und Musicals in 2024 vorstellen. Altbekannte oder international bekannte Stars – wir haben sie zusammengetragen. Sichern Sie sich frühzeitig Ihr Ticket.

KONZERTE

Beatrice Egli – Volles Risiko Tour

14.4.	Bielefeld, Stadthalle	ab 68,45 €
20.4.	Düsseldorf, Mitsubishi Electric Halle	ab 47,60 €

Ben Zucker – Live 2024

21.6.	Geldern, Waldfreibad/Geldern Open Air	ab 65,25 €
25.7.	Gelsenkirchen, Amphitheater	ab 64,90 €
22.11.	Oberhausen, Rudolf-Weber-Arena	ab 59,50 €

Clueso – Sommertour 2024

2.8.	Köln, Tanzbrunnen	ab 64,65 €

Die Fantastischen Vier – Long Player on Tour 2024

5.12.	Köln, Lanxess Arena	ab 69,90 €
17.12.	Oberhausen, Rudolf-Weber-Arena	ab 69,90 €

James Blunt – Who We Used To Be Tour 2024

15.3.	Köln, Lanxess Arena	ab 67,90 €
16.3.	Oberhausen, Rudolf-Weber-Arena	ab 70 €

Jan Delay – Best of 25 Years

19.7.	Köln, Tanzbrunnen	ab 57,35 €
20.7.	Paderborn, Schloss- & Auenpark	ab 56,55 €
22.8.	Aachen, Kurpark Classix	ab 56,35 €

LEA – Tour 2024

18.8.	Bonn, Kunstrasen	ab 60,35 €
7.9.	Dortmund, Westfalenhalle	ab 60,40 €
9.9.	Köln, Palladium	ab 60,40 €

Lena

5.6.	Bielefeld, Lokschuppen	ab 49,95 €

Madsen – Hollywood Tour 2024

20.3.	Düsseldorf, Zakk	ab 46,25 €
21.3.	Münster, Skaters Palace	ab 45 €

Beste Stimmung: Clueso

Emotion pur: Silbermond

Mark Forster – Arena Tour 2024

26.3.	Halle (Westfalen), OWL Arena	ab 54,10 €
11.5.	Köln, Lanxess Arena	ab 53,60 €
20.5.	Düsseldorf, PSD Bank Dome	ab 64,90 €

Max Giesinger – Sommertour 2024

30.5.	Bonn, Telekom Campus	ab 53,25 €
3.8.	Duisburg, Stadtpark Meiderich	ab 61,65 €
23.8.	Ahaus, Schloss Ahaus	ab 54 €

Michael Patrick Kelly – B.O.A.T.S. Live! 2024

30.5.	Olpe, Biggesee	ab 65,85 €
24.8.	Aachen, Kurpark Classix	ab 71,85 €

Michael Schulte – Remember Me Tour

23.4.	Münster, Jovel Music Hall	ab 52,50 €
30.8.	Xanten, Xantener Südsee	ab 53,35 €
6.11.	Köln, E-Werk	ab 57,40 €

Nathan Evans

8.3.	Köln, LUXOR	ab 43,50 €

Nico Santos – Ride! Tour

29.10.	Münster, Halle Münsterland	ab 59,90 €
31.10.	Köln, Palladium	ab 59,90 €

Peter Fox – Live 2024

11.9.	Köln, Lanxess Arena	ab 57,70 €

Philipp Poisel – Neon Acoustic Orchestra

6.10.	Köln, Philharmonie	ab 62 €
7.10.	Bochum, Ruhrcongress	ab 69,30 €

PINK – Summer Carnival 2024

21.7.	Mönchengladbach Stadion im Borussiapark	ab 179,50 €

PUR Open Air – Open Airs 2024

12.7.	Mönchengladbach, Sparkassen Park	ab 68,60 €

Ronan Keating – Live in Germany 2024

7.9.	Halle (Westfalen), OWL Arena	ab 68,00 €

Santiano – Auf nach Doggerland! Tour

15.4.	Düsseldorf, PSD Bank Dome	ab 59,50 €
16.4.	Köln , Lanxess Arena	ab 49,50 €
24.4.	Dortmund, Westfalenhalle	ab 59,50 €
10.10.	Oberhausen, Rudolf-Weber-Arena	ab 58,50 €

Silbermond – Auf Auf Sommer 2024

17.8.	Bonn, Kunstrasen	ab 65 €
25.8.	Bochum, Zeltfestival Ruhr	ab 65 €
14.9.	Halle (Westfalen), OWL Arena	ab 59 €

Versengold – Lautes Gedenken Tour

5.4.	Köln, E-Werk	ab 48,95 €
13.4.	Bochum, Ruhrcongress	ab 59,95 €

Wincent Weiss – Sommertour 2024

25.7.	Mönchengladbach, Sparkassen Park	ab 60,70 €
6.9.	Halle (Westfalen), OWL Arena	ab 60,95 €
22.9.	Bochum, Zeltfestival Ruhr	ab 66,40 €

Konzert- und Show-Highlights

FESTVALS

Mayday
30.4. Dortmund, Westfalenhalle VVK ab 74 €

Mallorca Open Air
25./26.5. Bottrop, Schulte-Kellinghaus AG ab 27 €

inselfieber.oberhausen
15.6. Oberhausen, Freifläche Rudolf-Weber Arena ab 24,90 €

Traumzeit Festival
21.–23.6. Duisburg, Landschaftspark Nord 3 Tage ab 90 €

Vainstream Rockfest
28./29.6. Münster, Am Hawerkamp ab 139 €

Panama Open Air
28./29.6. Bonn, Rheinaue Park ab 79 €

Ruhrpott Rodeo
5. bis 7.7. Hünxte/Bottrop, Flughafen Schwarze Heide 3 Tage für 138,24 €

Summerjam
5. bis 7.7. Köln, Fühlinger See 4 Tage für 175 €

Castle Rock Festival
5./6.7. Mülheim an der Ruhr, Schloss Broich 2 Tage ab 77 €

Ruhr In Love
6.7. Oberhausen, Olgapark ab 39 €

Parookaville
19.– 21.7. Weeze, Flughafen Weeze 3 Tage für 249 €

Juicy Beats
26./27.7. Dortmund, Westfalenpark 2 Tage für 124 €

Ruhr Reggae Summer
16.–18.8. Mülheim an der Ruhr, Ruhrstadion 3 Tage für 129 €

Oberhausen feiert
31.8. Oberhausen, Freigelände Aquapark ab 27,90 €

Einer der Stars des Ruhr Reggae Summer 2023: Gentleman

Populäre Show: Holiday on Ice

MUSICALS

Das Phantom der Oper

28.12.	Hagen, Stadthalle	ab 45,15 €
29.12.	Rheda-Wiedenbrück, Stadthalle	ab 46,40 €

Der Herr der Ringe & Der Hobbit (Das Konzert)

25.4.	Münster, Halle Münsterland	ab 39,90 €
27.2.25	Bielefeld, Stadthalle Bielefeld	ab 39,90 €
28.2.25	Duisburg, Mercatorhalle im CityPalais	ab 39,90 €

Die Schöne und das Biest

11.10.	Arnsberg,Sauerland-Theater	ab 28,50 €
13.10.	Köln, Theater am Tanzbrunnen	ab 29,50 €
18.10.	Hamm, Kurhaus Bad Hamm	ab 28,50 €
23.11.	Moers, ENNI Eventhalle	ab 23 €
5.12.	Soest, Stadthalle Soest	ab 26 €
7.12.	Oberhausen, Luise-Albertz-Halle	ab 23 €
22.12.	Bielefeld, Stadthalle Bielefeld	ab 26 €
11.1.25	Recklinghausen, Theatersaal Ruhrfestspielhaus	ab 29,50 €
7.2.	Ahaus, Stadthalle im Kulturquadrat	ab 24 €

Dschungelbuch – Das Musical

5.4.	Erkelenz, Stadthalle Erkelenz	ab 25 €
6.4.	Meschede, Stadthalle Meschede	ab 24 €
7.4.	Münster, Halle Münsterland	ab 29,50 €

ELVIS – Das Musical

4.4.	Dortmund, Westfalenhalle	ab 53 €
9.4.	Mülheim an der Ruhr Stadthalle Mülheim	ab 49 €

Flashdance

14.–23.10.	Köln, Theater am Tanzbrunnen	ab 42,40 €
13.–16.11.	Duisburg, Theater am Marientor	ab 52,40 €

Holiday on Ice

13.–17.11.	Grefrath, Eissport- & Eventpark	ab 35,90 €
26.–30.12.	Münster, Halle Münsterland	ab 39,72 €

Sister Act – Das himmlische Musical

24.–27.11.	Duisburg, Theater am Marientor	ab 42,40 €

Star Wars in Concert

19.4.	Oberhausen, Rudolf-Weber-Arena	ab 59,90 €

Star Wars in Concert

20.4.	Köln, Lanxess Arena	ab 59,90 €

The Magical Music of Harry Potter

8.4.	Leverkusen, Forum Leverkusen	ab 39,90 €
25.4.	Münster, Halle Münsterland	ab 39,90 €
30.6.	Detmold, Waldbühne Hermannsdenkmal	ab 39,90 €

Ausstellungen

Bleiben Sie neugierig! Ausstellungen sind ein wunderbarer Anlass, sich mit Themen aller Art auseinanderzusetzen. Wir haben Ihnen einige spannende Ausstellungen zusammengestellt, die einen Ausflug wert sind.

AACHEN
Volker Hermes. Auge und Zeit
Die Ausstellung zeigt die zwei Themen „Hidden Portraits" und „Seestücke".
3.3. bis 9.6. , Suermondt Ludwig Museum, Wilhelmstraße 18, 52070 Aachen, Di–So 10–17 h, 0241-4798040, www.suermondt-ludwig-museum.de

BAD LIPPSPRINGE
Sandwelten
Im Mittelpunkt der Ausstellung stehen meterhohe Sandskulpturen, die von internationalen Künstlern mit Spezialsand angefertigt werden. Auch den Entstehungsprozess der Sandskulpturen kann man etwa zwei Wochen vorher bereits beobachten.
3.5. bis 23.6., Gartenschau, Lindenstraße 1a, 33175 Bad Lippspringe, täglich 9–18 h, www.gartenschau-badlippspringe.de

BONN
Kengo Kuma. Onomatopoeia Architecture
Gezeigt werden Modelle von bedeutenden Gebäuden des japanischen Architekten.
8.3. bis 1.9., Bundeskunsthalle, Helmut-Kohl-Allee 4, 53113 Bonn, Di/Do–So 10–19 h, Mi 10–21 h, 0228-91710, www.bundeskunsthalle.de

BONN
„Bilder im Kopf, Körper im Raum" – Franz Erhard Walther
Eine große Übersichtsausstellung zu Ehren von Franz Erhard Walthers 85. Geburtstages.
22.3. bis 28.7., Bundeskunsthalle, Helmut-Kohl-Allee 4, 53113 Bonn, Di/Do–So 10–19 h, Mi 10–21 h, 0228-91710, www.bundeskunsthalle.de

BONN
Interactions 2024
Kunstwerke, Performances und Workshops laden zum interaktiven Spiel ein.
1.5. bis 27.10., Bundeskunsthalle, Helmut-Kohl-Allee 4, 53113 Bonn, Di/Do–So 10–19 h, Mi 10–21 h, 0228-91710, www.bundeskunsthalle.de

BONN
Dirk Reinartz. Fotografieren, was ist.
Eine große Retrospektive des bedeutenden Fotojournalisten Dirk Reinartz (1947-2004).
16.5. bis 15.9., LVR-LandesMuseum Bonn, Colmantstraße 14-16, 53115 Bonn, Di–So 11–18 h, 0228-2070351, www.landesmuseum-bonn.lvr.de

BONN
Für Alle! Demokratie neu gestalten
In der Ausstellung wird die Frage gestellt, wie die Demokratie von morgen aussieht.
30.5. bis 13.10., Bundeskunsthalle, Helmut-Kohl-Allee 4, 53113 Bonn, Di/Do–So 10–19 h, Mi 10–21 h, 0228-91710, www.bundeskunsthalle.de

Dachgarten der Bundeskunsthalle

BONN
Mark Dion: Delirious Toys
Mark Dions Kunstwerk aus Objekten der Spielzeugsammlung des Stadtmuseums Berlin.
8.9. bis 5.1.25, Bundeskunsthalle, Helmut-Kohl-Allee 4, 53113 Bonn, Di/Do–So 10–19 h, Mi 10–21 h, 0228-91710, www.bundeskunsthalle.de

BONN
Tanzwelten
Besuchern werden multiperspektivische Verflechtungsgeschichten des Tanzes und anderer Kunstformen gezeigt.
27.9. bis 16.2.25, Bundeskunsthalle, Helmut-Kohl-Allee 4, 53113 Bonn, Di/Do–So 10–19 h, Mi 10–21 h, 0228-91710, www.bundeskunsthalle.de

BONN
Save Land. United for Land.
Die Ausstellung zeigt die ökologischen Probleme und Potentiale der von Menschen beeinflussten Umwelt.
6.12. bis 9.6.25, Bundeskunsthalle, Helmut-Kohl-Allee 4, 53113 Bonn, Di/Do–So 10–19 h, Mi 10–21 h, 📞 0228-91710, www.bundeskunsthalle.de

DORTMUND
Pixelfieber: Eine Ausstellung mit Pixeln und zum Mitpixeln
Die Ausstellung dreht sich um Pixel als Massenprodukte unserer ultrahochauflösenden, bildüberfluteten Welt.
16.2. bis 2.6., Dortmunder U, Leonie-Reygers-Terrasse, 44137 Dortmund, Di/Mi/Sa/So 11–18 h, Do/Fr 11–20 h, 📞 0231-5024723, www.dortmunder-u.de

DORTMUND
MO_Schaufenster #36: Dani Gal. Lautfiguren
Gezeigt wird die Bandbreite von Dani Gals künstlerischem Schaffen.
1.3. bis 16.6., Dortmunder U, Leonie-Reygers-Terrasse, 44137 Dortmund, Di/Mi/Sa/So 11–18 h, Do/Fr 11–20 h 📞 0231-5024723, www.dortmunder-u.de

DORTMUND
Niklas Goldbach: The Paradise Machine
In Niklas Goldbachs Arbeiten spielt die ambivalente Wechselbeziehung zwischen Utopie und Dystopie immer eine zentrale Rolle.
16.3. bis 11.8., Dortmunder U, Leonie-Reygers-Terrasse, 44137 Dortmund, Di/Mi/Sa/So 11–18 h, Do/Fr 11–20 h 📞 0231-5024723, www.dortmunder-u.de

DÜSSELDORF
Size Matters. Größe in der Fotografie
Beleuchtet wird der oft unbemerkte Bedeutungswandel, wenn es Größenverschiebungen in der Fotografie gibt.
16.2. bis 20.5., Kunstpalast, Ehrenhof 4-5, 40479 Düsseldorf, Di/Mi/Fr–So 11–18 h, Do 11–21 h, 📞 0211-56642100, www.kunstpalast.de

DÜSSELDORF
Tony Cragg. Please Touch!
Bei dieser Ausstellung stehen die taktilen Reize der Skulpturen von Tony Cragg im Fokus.
22.2. bis 26.5., Kunstpalast, Ehrenhof 4-5, 40479 Düsseldorf, Di/Mi/Fr–So 11–18 h, Do 11–21 h, 📞 0211-56642100, www.kunstpalast.de

DÜSSELDORF
Die Kleine 2024
Die Abschlussausstellung zum Kunstwettbewerb für Grundschulen. Das diesjährige Thema ist Kunst und Sport.
27.4. bis 26.5., Kunstpalast, Ehrenhof 4-5, 40479 Düsseldorf, Di/Mi/Fr–So 11–18 h, Do 11–21 h 📞 0211-56642100, www.kunstpalast.de

DÜSSELDORF
Die Große Kunstausstellung NRW
Eine große Ausstellung von und für Kunstschaffende, die zum Austausch einlädt.
23.6. bis 28.7., Kunstpalast, Ehrenhof 4-5, 40479 Düsseldorf,Di/Mi/Fr–So 11–18 h, Do 11–21 h 📞 0211-56642100, www.kunstpalast.de

DÜSSELDORF
Too Much Future. Schenkung Florian Peters-Messer
Anlässlich seines 60. Geburtstages wird die Schenkung von Florian Peters-Messer gezeigt, die sich auf Gegenwartskunst konzentriert.
28.8. bis 5.1.25, Kunstpalast, Ehrenhof 4-5, 40479 Düsseldorf, Di/Mi/Fr–So 11–18 h, Do 11–21 h, 📞 0211-56642100, www.kunstpalast.de

DÜSSELDORF
Gerhard Richter. Verborgene Schätze
Die Ausstellung zeigt rund 100 Kunstwerke aus Gerhard Richters Œuvre.
5.9. bis 2.2.25, Kunstpalast, Ehrenhof 4–5, 40479 Düsseldorf, Di/Mi/Fr–So 11–18 h, Do 11–21 h 📞 0211-56642100, www.kunstpalast.de

Ausstellungen

DÜSSELDORF
Superheroes

Die Rettung der Menschheit, der Triumph über das Böse, und der ewige Kampf zwischen den Gewalten: Das NRW-Forum in Düsseldorf rückt sagenhafte Superhelden ins Rampenlicht.

13.9. bis 26.1.25, NRW-Forum Düsseldorf, Ehrenhof 2, 40479 Düsseldorf, Di/Mi Fr–So 11–18 h, Do 11–21 h, 📞 0211-56642100, www.nrw-forum.de

Reiche Kinogeschichte: die Lichtburg in Essen

DÜSSELDORF
Yoko Ono

In einer umfangreichen Einzelausstellung wird das einflussreiche Werk der Künstlerin und Aktivistin Yoko Ono präsentiert.

28.9. bis 16.3.25, Kunstsammlung NRW, K20, Grabbeplatz 5, 40213 Düsseldorf, Di–So 11–18 h, 📞 0211-8381204, www.kunstsammlung.de/de/exhibitions

ESSEN
Marga Kingler. Pressefotografin im Ruhrgebiet

Gezeigt werden Bilder aus dem Nachlass der Grande Dame des Lokaljournalismus in Essen und im Ruhrgebiet.

29.4. bis 12.1.25, Ruhr Museum, Gelsenkirchener Straße 181, 45309 Essen, Mo–So 10–18 h, 📞 0201-24681444, www.ruhrmuseum.de

HERNE
Modern Times

Gästen wird ein buntes Potpourri an außergewöhnlichen Objekten aus den vergangenen 200 Jahren Menschheitsgeschichte präsentiert.

bis 18.8., LWL-Museum für Archäologie und Kultur, Europaplatz 1, 44623 Herne, Di/Mi/Fr 9–17 h, Do 9–19 h, Sa/So 11–18 h, www.lwl-landesmuseum-herne.de

ESSEN
Mythos und Moderne. Fußball im Ruhrgebiet

Eine fotografische Sonderausstellung zum gesamten Ruhrgebietsfußball.

bis 20.5., Ruhr Museum, Gelsenkirchener Straße 181, 45309 Essen, Mo–So 10–18 h, 📞 0201-24681444 www.ruhrmuseum.de

ESSEN
Glückauf – Film ab!
Kino- und Filmgeschichte des Ruhrgebiets

Die Sonderausstellung zeigt die Kino- und Filmgeschichte des Ruhrgebiets und feiert über 100 Jahre Ruhrgebietskino mit einem vielseitigen Begleitprogramm.

29.6. bis 2.3.25, Ruhr Museum, Gelsenkirchener Straße 181, 45309 Essen, Mo–So 10–18 h, 📞 0201 24681444, www.ruhrmuseum.de

HAMM
Im Land der Drachen

Im Lande der Drachen entführt die ganze Familie in die Zeit des Mittelalters. Sieben lebensgroße Drachen versprechen in mystischer Atmosphäre Abenteuer.

16.3. bis 3.11., Familienausstellung, Alter Grenzweg 2, 59071 Hamm, Mo–Fr 14–18 h Sa–So 10–18 h, www.maximilianpark.de/veranstaltungen

KÖLN
Hier und Jetzt im Museum Ludwig. Und gestern und morgen.

Die Ausstellung geht den Spuren der Urzeit auf den Grund und erkundet, wie sich diese auf unsere Gegenwart auswirkt.

9.3. bis 13.10., Museum Ludwig, Heinrich-Böll-Platz, 50667 Köln, Di–So 10–18 h, 📞 0221-22126165, www.museum-ludwig.de

Ludwiggalerie Schloss Oberhausen

KÖLN
Roni Horn. Give Me Paradox or Give Me Death.

Das vielseitige Œu

23.3. bis 11.8., Museum Ludwig, Heinrich-Böll-Platz, 50667 Köln, Di–So 10–18 h, 📞 221-22126165, www.museum-ludwig.de

KÖLN
Fluxus und darüber hinaus: Ursula Burghardt, Benjamin Patterson

Die Ausstellung zeigt Werke der Bildhauerin und des Musikers, die beide eine Verbindung zum Fluxus-Kreis hatten.

12.10. bis 9.2.25, Museum Ludwig, Heinrich-Böll-Platz, 50667 Köln, Di–So 10–18 h, 📞 0221-22126165, www.museum-ludwig.de

METTMANN
Eis Zeit Reise Grönland

Besucher lernen anhand von Aquarellzeichnungen, Fotos und Fundobjekten die Geschichte und Archäologie Grönlands näher kennen.

bis 3.11., Neanderthal Museum, Talstraße 300, Mettmann, Di–So 10–18 h, www.neanderthal.de

OBERHAUSEN
HIPGNOSIS.BREATHE.

Album Cover und Photo Design by Aubrey Powell & Storm Thorgerson. Celebrating 50 Years THE DARK SIDE OF THE MOON

Anlässlich des 50. Jubiläums des legendären Albumcovers zu Pink Floyds „The Dark Side of the Moon" zeigt die Ludwiggalerie besondere Plattencover des Fotodesign Studios.

21.1. bis 20.5., Ludwiggalerie Schloss Oberhausen, Konrad-Adenauer-Allee 46, 46049 Oberhausen, Di–So 11–18 h, 📞 0208-4124928, www.ludwiggalerie.de

OBERHAUSEN
UK Women – Britische Fotografie zwischen Sozialkritik und Identität

Die Ausstellung zeigt die Entwicklung der Fotografie seit den 1970er Jahren anhand von Fotografinnen aus dem Vereinigten Königreich.

26.5. bis 15.9., Ludwiggalerie Schloss Oberhausen, Konrad-Adenauer-Allee 46, 46049 Oberhausen, Di–So 11–18 h, 📞 0208-4124928 www.ludwiggalerie.de

OBERHAUSEN
Was gibt's denn da zu lachen?
Die komische Kunst des Walter Moers

Gezeigt wird die Kunst von Walter Moers, der ikonische Figuren wie Käpt'n Blaubär erdacht hat.

22.9. bis 19.1.25, Ludwiggalerie Schloss Oberhausen, Konrad-Adenauer-Allee 46, 46049 Oberhausen, Di–So 11–18 h, 📞 0208-4124928, www.ludwiggalerie.de

WUPPERTAL
Leonardo da Vinci – uomo universale

Das Visiodrom im Gaskessel Wuppertal widmet Leonardo da Vinci eine eigene Ausstellung und präsentiert ein immersives Multi-Media-Erlebnis für die ganze Familie.

bis 23.08., Gaskessel Wuppertal, Mohrenstraße 3, 4228 Wuppertal, Mi–So 10–18 h, www.visiodrom.de

Planet
Ozean
Ausstellung im Gasometer Oberhausen vom
15. März bis zum 30. Dezember 2024

Die geheimnisvolle Welt der Ozeane!

„Planet Ozean“ führt in kaum bekannte Tiefen: Spektakuläre großformatige Fotografien und Filme, eine beeindruckende immersive Projektion auf der höchsten Leinwand der Welt und eine sinnliche Klangreise durch die Weltmeere laden dazu ein, dieses komplexe Ökosystem mit allen Sinnen zu entdecken, zu erkunden und neu zu erleben.

Planet Ozean
Ausstellungskatalog

176 Seiten
zahlr. farb. Abbildungen
Festeinband
22,00 €
ISBN 978-3-8375-2618-9

Von den Küsten bis in die Tiefsee

Nach der Erfolgsausstellung „Das zerbrechliche Paradies“ präsentiert die innovative Schau „Planet Ozean“ ab dem 15. März 2024 die faszinierende Schönheit der Weltmeere und ihrer vielfältigen Lebensformen. In verschiedenen Ausstellungskapiteln zeigt der Gasometer Oberhausen die Ozeane unseres Planeten und beschäftigt sich auch mit den wichtigen Bereichen Meeresschutz und -forschung. Dabei dokumentiert die Ausstellung die Folgen der wirtschaftlichen Nutzung der Weltmeere als Energielieferant, Transportstrecke oder Nahrungsquelle.

Eintauchen in Unterwasserwelten

Dramaturgischer Höhepunkt ist die revolutionäre Multimedia-Inszenierung „Die Welle“: Eine 40 Meter hohe und 18 Meter breite Leinwand in abstrakter Wellenform im Luftraum des Gasometers dient als Projektionsfläche für eine fotorealistisch animierte Meereswelt. Ganz ohne Taucheranzug und Atemmaske können die Besucher*innen auf Augenhöhe mit Walen, Fischen oder Quallen den Ozean ergründen und riesigen Fischschwärmen oder sogar Meeresgiganten in Originalgröße begegnen. Der „Planet Ozean“ wird bis zum 30. Dezember 2024 im Gasometer Oberhausen zu sehen sein.

Öffnungszeiten

Di.–So. sowie feiertags
von 10–18 Uhr
Montags geschlossen
(außer in den NRW-Ferien und an Feiertagen)

Eintrittspreise

Erwachsene 14 €, Ermäßigt 11 €
Kinder bis 5 Jahre Eintritt frei
Familienkarte 33 €
Mini-Familienkarte 28 €
Dauerkarte 32 €
Schulklassen pro Person 4 €

Infos und Tickets

www.gasometer.de

Gasometer Oberhausen, Arenastraße 11,
46047 Oberhausen, Telefon +49 (0)208 212 95
info@gasometer.de, www.gasometer.de

GÜTERSLOH
Gütersloher Frühling
21.3. bis 20.5., Innenstadt, 33330 Gütersloh, ganztägig
Der Berliner Platz in der Gütersloher Innenstadt macht sich bereit für den Frühling und lädt mit einer Parklandschaft zum Verweilen ein. Die Wochen werden von verschiedenen Programmpunkten begleitet.
Eintritt frei

AACHEN
Öcher Osterbend
30.3. bis 15.4., Bendplatz, 52072 Aachen, täglich ab 14 h
Mit vielen Attraktionen lockt das Volksfest 17 Tage lang hunderttausende Besucher auf den Bendplatz. Rasante Fahrgeschäfte, Spiel- und Spaßbuden und verschiedenen gastronomische Angebote sorgen für ein Vergnügen für Jung und Alt.
Eintritt frei
www.eurogress-aachen.de

STRAELEN
Streetfood Drink & Music Festival
5. bis 7.4., Marktplatz, 47638 Straelen, Fr 17–22 h, Sa 14–22 h, So 12–20 h
Das erste Streetfood Drink & Music Festival in Straelen lockt mit einer kulinarischen Vielfalt und Livemusik auf den Marktplatz.
Nicht bekannt 02824-9775997
www.streetfood-agentur.de/tourplan2024

MÜLHEIM AN DER RUHR
Mülheimer Boogie Time Vol. 1
6.4., Stadthalle, Theodor-Heuss-Platz 1, 45479 Mülheim an der Ruhr, Sa ab 19.30 h
Freuen Sie sich auf einen ausgelassenen Abend und ein leidenschaftliches Boogie-Erlebnis.
29 € 0208-960960
www.muelheim-events.de

TROISDORF
„Frühjahrsputz“
6.4., Kriegsdorf, Platz Am Rosenhügel, 53844 Troisdorf, Sa ab 15 h
Der Karnevalsverein „Jecke Fründe 53 e.V.“ lädt

Korbflechten auf dem Kunsthandwerkerfestival in Duisburg

ein zum Familienfest mit Hüpfburg und Kinderolympiade. Am Abend geht es mit Musik und Tanz weiter. Für das leibliche Wohl ist auch gesorgt.
Nicht bekannt 0163-8557711
www.jf53.de

DUISBURG
Kunsthandwerkerfestival Duisburg
5. bis 7.4., König- und Kuhstraße, 47051 Duisburg, Fr–So ab 14 h
An rund 120 Ständen werden Handwerkskünste, Kunsthandwerk und neue Kreativtrends präsentiert. Dazu werden kulinarische Highlights und Mitmachaktionen angeboten.
Eintritt frei
https://gaudium.de/kunsthandwerkerfestival-duisburg/

DETMOLD
Fit in den Frühling
5. bis 8.4., Innenstadt, 32756 Detmold, Fr–Mo 10–16 h
Beim Frühlingsfest präsentieren sich zahlreiche Detmolder Vereine. Begleitet wird das Fest von einer Kirmes und einem verkaufsoffenen Sonntag.
Eintritt frei 05231-938522
www.die-haendler-detmold.de

KÖLN

Mädelsflohmarkt

7.4., Pattenhalle Ehrenfeld, Christianstr. 82, 50825 Köln, weitere Termine: jeden Sonntag an einem der Standorte, So 11–17 h

An verschiedenen Standorten in Bonn, Bochum und Köln findet wöchentlich der Mädelsflohmarkt statt. Von Mädels für Mädels heißt hier das Motto. Gemütlich flanieren, feilschen, snacken, trinken und stöbern auf dem Mädelsflohmarkt. Die Termine finden Sie auf der Webseite.

4 €, Kinder (bis 12) Eintritt frei
0211-38549790
www.maedelsflohmarkt.de

COUPON NR. 01

BIELEFELD

Hut Ab!

7.4., Innenstadt, 33602 Bielefeld, So 13–18 h

An diesem verkaufsoffenen Sonntag wird die Bielefelder Innenstadt zur Bühne für die Straßenkunst. Besucher können sich auf Livemusik, Akrobatik, Comedy und Zauberei freuen.

Eintritt frei 0521-121253
www.hut-ab.jetzt

MÖNCHENGLADBACH

Trödelmarkt Eicken

7.4., weitere Termine: 5.5., 2.6., 14.7., 4.8., 25.8., 22.9., 6.10., Fußgängerzone Eicken, Eickener Straße, 41063 Mönchengladbach, So 11–17 h

Auf diesem schönen Trödel bieten verschiedene Stände ihre Gebrauchtwaren zum Kauf an.

Eintritt frei 02161-67874554
www.ineickenersache.de

MOERS

Moerser Frühling

7.4., Innenstadt, 47110 Moers, So 11–19 h

Ein buntes Stadtfest mit verkaufsoffenem Sonntag in der gesamten Moerser Innenstadt. Für die kleinen Besucher gibt es einen Kinderflohmarkt.

Eintritt frei 02841-8822613
www.moers-marketing.de

WESEL

Frühlingsfest

7.4., Großer Markt, 46483 Wesel, So ab 13 h

Zum Beginn der Gartensaison laden Betriebe aus Wesel und der Region zu diesem Gartenfest mit verkaufsoffenem Sonntag ein. Das Verkehrsmittel Fahrrad steht ebenfalls im Mittelpunkt und es gibt eine Fundradversteigerung.

Eintritt frei 0281-2032650

DÜSSELDORF

Düsseldorfer Fischmarkt

7.4., weitere Termine: 5.5., 2.6., 7.7., 1.9., 6.10., 3.11., Tonhallenufer, 40474 Düsseldorf, So 11–18 h

Rund 80 Händler bieten Fisch und Meeresfrüchte sowie weitere unterschiedliche Delikatessen an. Eine Gastromeile mit toller Atmosphäre und wunderschöner Aussicht auf den Rhein.

Eintritt frei 0172-8860624
www.rheinlust.de

Der Fischmarkt lockt Besucher an den Rhein

Der Brocante Markt in Kevelaer

KÖLN

FIBO

11. bis 14.4., Messeplatz 1, 50679 Köln, Do–So 9–18 h

Die FIBO ist die weltweit größte Messe für Fitness, Wellness und Gesundheit in Köln. Sie bietet eine umfassende Plattform für Branchenexperten, Unternehmen und Fitnessbegeisterte, um die neusten Trends, Produkte und Innovationen im Bereich Sport und Lifestyle zu entdecken.

ab 31,50 € 0211-90191400
www.fibo.com

VELEN

Burggenuss

12.4., Burg Ramsdorf, 46342 Velen, Fr 17–20 h

Besucher können sich freuen auf ein breites kulinarisches Angebot. Die Atmosphäre auf dem Burgplatz Ramsdorf lädt ein zum entspannten Beisammensein.

Eintritt frei 02863-9260
www.velen.de

DORTMUND

Food Lovers – Street Food Markt

12. bis 14.4., Platz der Partnerstädte, Rheinische Str. 1, 44137 Dortmund, Fr 17–22 h, Sa 12–22 h, So 12–19 h

Essen mit Liebe: Ein buntes Zusammentreffen von Menschen unterschiedlicher Nationen und kulinarischer Köstlichkeiten, in ungezwungener und offener Atmosphäre.

Eintritt frei
www.foodlovers-streetfood.de/food-markt-termine

WARENDORF

Garten & Ambiente LebensART

12. bis 14.4., Sassenberger Straße 11, 48231 Warendorf, Fr 11–18 h, Sa/So 10–18 h

Auf dem Warendorfer Gestütsgelände werden aktuelle Trends für Garten und Haus präsentiert. Außerdem gibt es täglich eine Hengstparade.

12 €, Kinder Eintritt frei 05233-3650
www.garten-ambiente-nrw.de/warendorf-landgestuet

SOLINGEN
Kultur Nacht Solingen
13.4., diverse Orte, 42651 Solingen, Sa ab 18 h

Bis in die späte Nacht hinein locken verschiedene Orte der Stadt mit kulturellem Programm. Auch in den Programmbussen gibt es Unterhaltung zu entdecken.

VVK 13 € 0172-6363391
www.kultur-nacht-solingen.de

KEVELAER
Brocante Markt mit Sonntags-Shopping
14.4., Kevelaerer Innenstadt, 47623 Kevelaer, So 11–18 h

Neben dem verkaufsoffenen Sonntag bieten mehr als 30 Aussteller auf dem Brocante Markt einzigartige Waren an. Es gibt wunderschöne alte Stücke sowie hochwertigen Trödel zu erwerben.

Eintritt frei 02832-122991
www.kevelaer-marketing.de

DÜSSELDORF
Büchermeile 2024
13./14.4., 8./9.6., 7./8.9., Rheinuferpromenade, 40213 Düsseldorf, Sa/So 11–19 h

Drei Mal im Jahr findet am Rhein die Düsseldorfer Büchermeile statt. Circa. 60 Buchhändler, Antiquariate, und private Sammler aus dem gesamten Bundesgebiet offerieren Seltenes, Schönes, lange Verschollenes, alte Bücher und natürlich, wie immer, jede Menge Schnäppchen.

Eintritt frei 0211-329594
www.duesseldorf-altstadt.de

MONHEIM
Monheimer Frühlingsfest
14.4., Innenstadt, 40789 Monheim, So 11–18 h

Das Fest läutet mit einer stimmungsvollen Atmosphäre den Frühling ein. Die Besucher erwartet eine Modenschau und vielfältige Aktionen für die ganze Familie. Begleitet wird das Fest von einem verkaufsoffenen Sonntag.

Eintritt frei 02173-9510
www.monheim.de/fruehlingsfest

BONN
Deutsche Post Marathon
14.4., Belderberg, 53111 Bonn, So ab 8.30 h

Der Deutsche Post Marathon ist der Frühjahrsklassiker in der Laufsaison. Die Laufstrecke führt die Sportler durch die Bundesstadt Bonn, entlang des Rheins und vorbei an vielen Sehenswürdigkeiten und Wahrzeichen der Stadt.

ab 47 € 0151-57355377
www.deutschepostmarathonbonn.de

LANGENFELD
Adler-Modellspielzeugmarkt
14.4., 20.10., Stadthalle, Hauptstraße 129, 40764 Langenfeld, So 11–15 h

Private und gewerbliche Händler bieten Modellspielzeug, Zubehör, altes Blechspielzeug und Literatur zum Kauf an.

7 € 02274-7060703
www.adler-maerkte.de

GÜTERSLOH
Kinderdisco
14.4., Die Weberei, Bogenstraße 1–8, 33330 Gütersloh, So ab 15 h

Dort, wo sonst die Großen tanzen, wird die Weberei an diesem Sonntag zur Kinderdisco. Kinder im Alter zwischen sechs und zehn Jahren sind eingeladen zum gemeinsamen Bewegen zu spaßiger Musik.

2 € 05241-821
www.guetersloh.de

ERINNERUNG

AACHEN
Öcher Osterbend
30.3. bis 15.4. s. Seite 18

GÜTERSLOH
Gütersloher Frühling
21.3. bis 20.5. s. Seite 18

Konzerte, Shows und Ausstellungen s. Seiten 6–13

Die Frühjahrskirmes in Unna mit rasanten Fahrgeschäften

UNNA

Frühjahrskirmes

19. bis 22.4., Innenstadt, Bahnhofstraße, 59423 Unna, Fr–Mo 14–22 h

Die Unnaer Frühjahrskirmes bietet jedes Jahr ein Gesamtprogramm, das für jeden Geschmack etwas bereithält. Rund um das Unnaer Rathaus kommen die waghalsigsten unter den Kirmesfans bei den Großfahrgeschäften genauso auf ihre Kosten, wie Freunde des ruhigeren und traditionellen Karussells. Und dass die Unnaer Frühjahrskirmes sich besonders gut zum Bummeln eignet, da sind sich Jung und Alt einig.

Eintritt frei 02303-9680520
www.unna-marketing.de

ESSEN

Food Lovers – Street Food Markt

19. bis 21.4., Zeche Zollverein, Halle 12, 45327 Essen, Fr 17–22 h, Sa 12–22 h, So 12–19 h

Essen mit Liebe: Ein buntes Zusammentreffen von Menschen unterschiedlicher Nationen und kulinarischer Köstlichkeiten, in ungezwungener und offener Atmosphäre.

Eintritt frei
www.foodlovers-streetfood.de/food-markt-termine

MOERS

„Girls Just Wanna Have Fun" 30 Jahre Witches of Pitches

20./21.4., Kulturzentrum Rheinkamp, Kopernikusstraße 11, 47445 Moers Sa ab 18 h, So ab 15 h

Besucher bekommen gute Laune durch gute Musik. Lassen Sie sich durch das A-capella-Ensemble verzaubern.

16 €, erm. 13 € 0174-1704681
www.witchesofpitches.de

PADERBORN

Lunapark

20. bis 28.4., Maspernplatz, 33098 Paderborn, täglich ab 11 h

Die große Familienkirmes mit Lunamarkt ist der Auftakt der Kirmessaison in Paderborn. Genießen Sie das schöne Kirmesambiente.

Eintritt frei 05251-880
www.paderborn.de

BONN

Flohmarkt in der Rheinaue

20.4., 18.5., 15.6., 20.7., 17.8., 14.9., 19.10., Rheinaue, Ludwig-Erhard-Allee 10, 53175 Bonn, Sa 8–18 h

Entdecken Sie einen einzigartigen Trödelmarkt, der mitten im grünen Freizeitpark Rheinaue stattfindet. Zwischen gebrauchten Vintage-Schätzen und antiken Kunstwerken finden Sie auch verschiedene Gastronomiestände zur Stärkung.
Eintritt frei
www.melan.de/rheinaue

BONN
Stoff- und Tuchmarkt

21.4., Theaterplatz Bad Godesberg, 53177 Bonn, So 11–17 h

Zahlreiche kreativ dekorierte Stände verwandeln den Theaterplatz in Bad Godesberg in ein buntes Paradies für Selbermacher. Der Deutsch-Holländische Stoffmarkt bietet ein vielfältiges Angebot mit unzähligen Stoffen in allen erdenklichen Mustern und Farben sowie Zubehör.
Eintritt frei
www.bad-godesberg.info/veranstaltungen

MÜNSTER
Faltenrock-Party im Gleis 22 (Ü60-Tanzparty)

21.4., Gleis 22, Hafenstraße 34, 48153 Münster, 18–23 h

Die beliebte Ü60-Party in Münster lädt zum Tanzen und Feiern ein. Die Feier basiert auf der Hamburger Faltenrock-Idee.
8 €, erm. 4 € 0251-37401354
www.b-side.ms/faltenrock

SCHÖPPINGEN
Schöppinger Frühlingsfest

21.4., Kirchplatz 1, 48624 Schöppingen, So 11–18 h

Der verkaufsoffene Sonntag wird begleitet von einem abwechslungsreichen Programm und vielen Mitmachaktionen für Kinder.
Eintritt frei 02555-880
www.schoeppingen.de

BIELEFELD
Flohmarkt

21.4., Montessori Kinderhaus Brackwede, 33659 Bielefeld, So 11–14 h

Besuchen Sie den Flohmarkt auf dem Gelände des Montessori Kinderhaus Brackwede und freuen Sie sich auf eine breite Auswahl an Kinderkleidung und Spielsachen. Für das leibliche Wohl ist auch gesorgt.
Eintritt frei 0521-411288
www.montessori-bielefeld.de/kinderhaus-brackwede

Trödelmarkt bei Sonnenschein

BERGISCH-GLADBACH
Führung: Papier – vom Handwerk zum Massenprodukt

21.4., weitere Termine: 19.5., 16.6., 21.7., 18.8., 15.9., 20.10., Papiermuseum Alte Dombach, 51465 Bergisch-Gladbach, So 14–15 h

An jedem 3. Sonntag des Monats erfahren Teilnehmer der Führung im Papiermuseum, wie Papier in der Vergangenheit und Gegenwart hergestellt wurde. Um Anmeldung wird gebeten.
3,50 €, erm. 3 €, Kinder Eintritt frei
02234- 9921555
www.industriemuseum.lvr.de

ERINNERUNG

GÜTERSLOH
Gütersloher Frühling

21.3. bis 20.5. s. Seite 18

Konzerte, Shows und Ausstellungen s. Seiten 6–13

27./28. April

MÜNSTER

Droste Festival „Nenn mich Hexe!“

26.4. bis 5.5., verschiedene Orte in Münster und Havixbeck

Das 7. Droste Festival steht ganz unter dem Motto „Nenn mich Hexe!“. Rund um die Walpurgisnacht wird ein vielfältiges Festivalprogramm geboten. Spielorte sind die Burg Hülshoff, das Haus Rüschhaus und weitere Kulturorte in Münster und Havixbeck.

Nicht bekannt 0251-5916350
www.burg-huelshoff.de

NEUSS

Weinfest und französischer Markt

26. bis 28.4., Freithof, 41460 Neuss, Fr 16–23 h, Sa 11–23 h, So 12–20 h

Das Weinfest auf dem Freithof eröffnet die Open-Air Saison der Veranstaltungen in Neuss. Winzer aus ganz Deutschland präsentieren neben wertvollen Wein-Klassikern auch Weine des neuen Jahrgangs.

Eintritt frei 02137-928488
www.wein-on-tour.de

RECKLINGHAUSEN

Street Food Music Festival

26. bis 28.4., Rathausplatz, 45657 Recklinghausen, Fr 16–24 h, Sa 13–24 h, So 12–24 h

Freuen Sie sich auf eine kulinarische Weltreise verschmolzen mit stimmungsvoller Livemusik. Mitmachaktionen und Kinderanimationen sorgen für gute Stimmung und Abwechslung.

Eintritt frei 0231-819460
www.street-food-music.de

WARENDORF

Cheatday

26. bis 28.4., Wilhelmsplatz, 48231 Warendorf, Fr 17–22 h, Sa 12–22 h, So 12–19 h

20 verschiedene Standbetreiber und Foodtrucks bringen Streetfood-Delikatessen aus der ganzen Welt nach Warendorf. Am Samstag und Sonntag gibt es bunte Mitmachaktionen für Kinder.

Eintritt frei 02581-545454
www.warendorf.de/tourismus

BIELEFELD

Nachtansichten

27.4., 50 Kulturorte in der Bielefelder Innenstadt, 33607 Bielefeld, Sa 18–1 h

Zur 22. Nacht der Museen, Galerien und Kirchen legen in der Bielefelder Innenstadt mehr als 50 Kulturorte eine Spätschicht für Kulturfans und Nachteulen ein. Entdecken Sie interessante Ausstellungen und faszinierende Installationen in nächtlicher Atmosphäre.

VVK 12 €, Kinder (bis 14) 10 €
0521-516999
www.bielefeld.jetzt/nachtansichten

Die Bielefelder Nachtansichten tauchen Kulturorte in schönes Licht.

27./28. April

RECKLINGHAUSEN

Dritter Nachhaltigkeitstag im Palais Vest

27.4., Palais Vest, Löhrhof 1, 45657 Recklinghausen, Sa 10–16 h

Das Thema Nachhaltigkeit wird mit viel Informationsangebot von allen Seiten beleuchtet. Was man selber im Alltag für Nachhaltigkeit machen kann wird hier gezeigt.

Eintritt frei 02361-901122
www.agentur-prinz.de/aktuelles

MÜNSTER

TEDDYBÄR TOTAL

27.4., Messe- und Congress Centrum Halle Münsterland, Albersloher Weg 32, 48155 Münster, Sa 10–17 h, So 11–16 h

Hier kommen Teddybär-Liebhaber auf Ihre Kosten. Bestaunen Sie eine vielfältige Auswahl von seltenen antiken Teddys bis hin zum kompletten Sortiment für Selbermacher.

ab 10 €, Kinder (bis 16) Eintritt frei
040-4291770
www.teddybaer-total.de

ESSEN

Literatur Viertel Fest

27.4., Akazienallee, 45127 Essen, Sa 13–20 h

Für alle, die eine Leidenschaft für Literatur, Wissen und Journalismus haben, gibt es an der Akazienallee verschiedene Aktionen. Die Literaturlandschaft Essens freut sich auf Diskussionen und Unterhaltungen zum geschriebenen und gesprochen Wort.

Eintritt frei
www.literaturviertel-ruhr.de

ESSEN

Frühjahrs-Pflanzenraritätenmarkt

27./28.4., Grugapark, Messeplatz 1a, 45131 Essen, Sa/So 7.30 h bis zum Einbruch der Dunkelheit

Engagierte Pflanzensammler präsentieren und verkaufen ihre Schätze. Der Markt hat sich zu einer bundesweit etablierten Veranstaltung entwickelt.

Regulärer Parkeintrittspreis 0201-8883111
www.grugapark.de

PADERBORN

Keramikmarkt

27./28.4., Neuhäuser Schlosspark, 33104 Paderborn, Sa/So 11–18 h

Besucher erwartet ein großes Angebot an Keramikkunsthandwerk, das zum Kauf angeboten wird. Genießen Sie das kulinarische Angebot und das einzigartige Ambiente im Neuhäuser Schlosspark.

Eintritt frei 05251-8811092
www.schlosspark-paderborn.de

UNNA

Mobilitätsschau Unna

27./28.4., Innenstadt, Bahnhofstraße, 59423 Unna, Sa/So 10–18 h

Erleben Sie Mobilität neu auf der Outdoormesse „Mobilitätsschau Unna". Neue Formate rund um das Thema Mobilität werden präsentiert. Zahlreiche Info-Stände zum Thema erwarten Sie.

Eintritt frei 02303-9680520
www.unna-marketing.de

DO, 23.4.:
UNESCO-WELTTAG DES BUCHES

In Deutschland finden in vielen Buchhandlungen Autoren-Lesungen statt. Und rund 1.000.000 Schülerinnen und Schüler erhalten das Welttagsbuch „Ich schenk dir eine Geschichte". Verlage und Buchhandlungen, Bibliotheken und Schulen feiern mit allen Bücherfreunden ein Fest des Lesens. Infos unter **www.welttag-des-buches.de**

MINDEN

Offene Ateliers 2024

27./28.4., diverse Orte, 32423 Minden Sa 14–18 h, So 11–18 h

Kunstschaffende aus Minden und der Region öffnen für dieses Wochenende ihre Ateliers.

Nicht bekannt 0571-36595
www.aktuelle-kunst-ev.de

Der Artenschutztag in Gelsenkirchen

GELSENKIRCHEN

Artenschutztag

28.4., ZOOM Erlebniswelt, Bleckstr. 64, 45889 Gelsenkirchen, So 10–17 h

Erleben Sie zahlreiche Fütterungen und Tierpflegergespräche und erfahren Sie welchen Beitrag der Zoo zum Artenschutz leisten kann.

21,50 €, Kinder (4–12) 14 € 0209-95450

www.zoom-erlebniswelt.de

LÜDINGHAUSEN

Frühlingsfest

28.4., Innenstadt, 59348 Lüdinghausen, So 11–18 h

Ein Frühlingsfest mit großem Altstadtmarkt und einem bunten Programm für Groß und Klein. Das Fest wird von einem verkaufsoffenen Sonntag begleitet.

Eintritt frei

www.lhmarketing.de

NEUSS

Adler-Modellspielzeugmarkt

28.4., weitere Termine: 6.10., 8.12., Stadthalle, Selikumer Straße 25, 41460 Neuss, So 11–15 h

Private und gewerbliche Händler bieten Modellspielzeug, Zubehör, altes Blechspielzeug und Literatur zum Kauf an.

7 € 02274-7060703

www.adler-maerkte.de

DÜSSELDORF

Landpartie Grafenberg

27.4. bis 1.5., Rennbahnstraße 20, 40629 Düsseldorf, Sa–Mi 10–18 h

Fern vom Alltag erleben sie vor einer schönen Kulisse einen großen Lifestyle-Markt mit rund 140 Ausstellern. Freuen Sie sich auf vielfältige Angebote aus den Bereichen Mode und Schmuck, Genuss und Kulinarik, Haus und Garten sowie Kunst und Lebensart.

12 €, Kinder (bis 18) Eintritt frei

02151-594535

www.renomueller.de

COUPON NR. 02

RHEINE

Familiennachmittag zum Welttag des Buches

28.4., Falkenhof Museum, Tiefe Straße 22, 48431 Rheine, So 14–17 h

Zum Welttag des Buches lädt das Falkenhof Museum ein, eigene kleine Bücher herzustellen. Außerdem lassen sich Bücher auf gemalten Porträts entdecken.

Eintritt frei 05971-939711

www.rheine.de/falkenhof

Gute Stimmung bei den Recklinghausener Ruhrfestspielen

SOEST
Deutsch-Holländischer Stoffmarkt

28.4., Markt/Brüderstraße, Markt 13, 59494 Soest, So 11–14 h

Zahlreiche kreativ dekorierte Stände mit unzähligen Stoffen in verschiedensten Mustern und Farben. Außerdem gibt es ein großes Sortiment an Schnittmustern und Kurzwaren.

Eintritt frei 0201-8942150

www.stoffmarkt-expo.de

STEINFURT
Brunnenfest

28.4., Innenstadt Borghorst, 48565 Steinfurt, So 12–18 h

Das Brunnenfest begleitet die traditionelle Inbetriebnahme der Brunnen. Genießen Sie das abwechslungsreiche Programm und das Angebot der Einzelhändler an diesem verkaufsoffenen Sonntag.

Eintritt frei 02551-186900

www.steinfurt-touristik.de

ESSEN
Beflügelt in den Mai!

28.4., FUNKE Medienhaus, Jakob-Funke-Platz 1, 45127 Essen, So 15–18 h

Feiern Sie im FUNKE Medienhaus den Auftakt des Klavier-Festivals Ruhr 2024 mit Benedikt Göb am Jazzpiano und der wunderbaren Mariam Batsashvili. Anmelden können Sie sich unter gastbeifunke@funkemedien.de. Das Festival läuft vom 26. April bis zum 16. Juli 2024 und bietet 66 Veranstaltungen mit 67 Pianisten in 17 Städten.

Eintritt frei 0201-896680

www.klavierfestival.de

EMSDETTEN
Emsdettener Acht

28.4., Hof Deitmar, Mühlenstraße 26, 48282 Emsdetten, So 10–16 h

Bei der Emsdettener Acht werden zwei familientaugliche Radstrecken zu einer Acht zusammengesetzt. Start- und Knotenpunkt der Strecken ist der Kulturhof Deitmar.

Eintritt frei 02572-93070

www.vvemsdetten.de

ERINNERUNG

PADERBORN
Lunapark
20.4. bis 28.4. s. Seite 19

GÜTERSLOH
Gütersloher Frühling
21.3. bis 20.5. s. Seite 18

Konzerte, Shows und Ausstellungen s. Seiten 6–13

MECHERNICH
Hexennacht
30.4., Burg Satzvey, An der Burg 3, 53894 Satzvey, Di 14–24 h
Open-Air-Konzert mit mittelalterlichem Hexenmarkt und grossem Maifeuer. Ein Event für Mittelalterfans. Kostümierung erwünscht!
ab 25 €, Kinder (4–12) 10 €
02256-95830
www.burgsatzvey.de/veranstaltungen

Ein mystisches Treiben auf dem Hexenmarkt auf Burg Satzvey

WARENDORF
Tanz in den Mai
30.4., Historischer Marktplatz, 48231 Warendorf, 19–0.30 h
Der Warendorfer Marktplatz verwandelt sich wieder in einen Tanzsaal unter freiem Himmel. Stilvolle Beleuchtung und Livemusik sorgen für beschwingte Atmosphäre.
Eintritt frei 02581-545454
www.warendorf.de/tourismus

MECHERNICH
Hexenmarkt
1.5., Burg Satzvey, An der Burg 3, 53894 Satzvey, Mi 12–19 h
Der Hexenmarkt bietet eine Hexen-Schnitzeljagd für Kinder sowie einen Handwerker- und Saisonmarkt zum Stöbern. Kommen Sie gerne in Verkleidung nach Hexenart.
ab 10 €, Kinder (bis 4) Eintritt frei
02256-95830
www.burgsatzvey.de/veranstaltungen

RECKLINGHAUSEN
1. Mai auf dem Hügel
1.5., Stadtgarten, 45657 Recklinghausen, Mi 13–18 h
Das Kulturvolksfest am 1. Mai eröffnet die Ruhrfestspiele, eines der größten Theaterfestivals Europas.
Eintritt frei 02361-9180
www.ruhrfestspiele.de

TROISDORF
Adler-Modellspielzeugmarkt
1.5., weitere Termine: 22.9., 22.12., Stadthalle, Kölnerstraße 167, 53840 Troisdorf, Mi/So 11–15 h
Private und gewerbliche Händler bieten Modellspielzeug, Zubehör, altes Blechspielzeug und Literatur zum Kauf an.
7 € 02274-7060703
www.adler-maerkte.de

VIERSEN
14. Dülkener Gartenwelt
1.5., Eligiusplatz, 41751 Viersen-Dülken, Mi 11–18 h
Gartenbegeisterte können sich freuen auf ein vielseitiges Angebot von Stauden, Duftpflanzen und Keramik, um ihren Garten und Balkon zu verschönern.
Nicht bekannt 02162-574280
www.duelkener-gartenwelt.de

DUISBURG
Jazz auf'm Plazz
2.5., weitere Termine: 6.6., 4.7., 1.8., König-Heinrich-Platz, 47051 Duisburg, Do ab 19.30 h
Jährlich findet die beliebte Open-Air-Konzertreihe in Duisburg statt. Freuen Sie sich auf Livemusik und ein vielseitiges Rahmenprogramm. Umsonst und draußen!
Eintritt frei
www.duisburgkontor.de/events

4./5. Mai

OBERHAUSEN
70. Internationale Kurzfilmtage Oberhausen

1. bis 6.5., Lichtburg Filmpalast, Elsässer Str. 26, 46045 Oberhausen, Mi–Mo 10–24 h

Seit 70 Jahren zeigen die Kurzfilmtage jedes Jahr in Oberhausen die besten und interessantesten kurzen Filme aus aller Welt. Vielfalt ist ihr Markenzeichen. 2024 reicht das Spektrum von Kinderfilmen bis zu alten Sportfilmen. Jung, bunt gemischt und international!

8 €, erm. 5 €, Kinder 3 €
0208-8252652
www.kurzfilmtage.de

DUISBURG
Duisburger Spätschicht

2.5., weitere Termine: 6.6., 4.7., 5.9., 2.10., Königstraße, 47051 Duisburg, Do 16–21 h

Der Abend- und Feierabendmarkt bietet ein vielfältiges Gastronomieangebot, frische Marktwaren und wechselndes Rahmenprogramm.

Eintritt frei
www.duisburgkontor.de/events/spaetschicht

Die Duisburger Spätschicht

HAGEN
Hagen blüht auf

2. bis 5.5, Innenstadt, 58079 Hagen, Do–So 11–20 h

Die Besucher dürfen sich auf bunten Kirmestrubel, ein unterhaltsames Bühnenprogramm und eine Autoshow freuen. Am Samstag und Sonntag ist außerdem ein Mittelaltermarkt.

Eintritt frei
www.hagen.de

Die Internationalen Kurzfilmtage in Oberhausen

BONN
Rhein in Flammen

3. bis 5.5., Rheinaue Bonn, 53175 Bonn

Das traditionsreiche Großevent startet Anfang Mai und eröffnet somit die Bonner Open-Air-Saison zu Wasser und zu Lande. Freuen Sie sich auf ein umfangreiches Programm für Jung und Alt an Land, den Schiffskonvoi und spektakuläre Lichtershows.

Eintritt frei
www.rhein-in-flammen.com

GEVELSBERG
Boulevard Gevelsberg

3. bis 5.5., Mittelstraße, 58585 Gevelsberg, Fr 19–23 h, Sa 10–23 h, So 11–18 h

Seit 2009 feiert die ganze Region einmal im Jahr symbolisch die Mittelstraße in ihrer Funktion als Flaniermeile. Ein tolles Bühnenprogramm, Straßenkünstler und viele weitere bunte Programmpunkte für die ganze Familie locken zum Feiern nach Gevelsberg.

Eintritt frei 02332-12307
www.city-gevelsberg.de

XANTEN
Wein- und Musikfest

3. bis 5.5., Marktplatz, 46509 Xanten, Fr 16–24 h, Sa 15–24 h, So 11–19 h

Winzer, Weine, Musik und Unterhaltung! Genießen Sie auserlesene Weine bei einem umfangreichen Musikprogramm.

Eintritt frei 02801-772200
www.xanten.de/de/veranstaltungen/wein-und-musikfest

RHEDA-WIEDENBRÜCK
Cheatday
3. bis 5.5., Flora-Westfalica-Park, 33378 Rheda-Wiedenbrück, Fr 17–22 h, Sa 12–22 h, So 12–19 h
Das ganze Wochenende über können sich Besucher auf eine kulinarische Weltreise begeben. Begleitet wird das Streetfood Festival von musikalischer Untermalung.
Eintritt frei 05242-93010
www.rheda-wiedenbrueck.de/veranstaltungen

VELEN
Velener Waldgartenmarkt 2024
3. bis 5.5, Landgut Krumme, Eschstraße 118, 46342 Velen, Fr–So 11–19 h
Das Landgut Krumme verwandelt sich am 1. Maiwochenende in einen riesigen und traumhaft schönen Garten. Vielfältige Angebote sowie Holzhütten, Zelte, die Remise und das Bauernhaus machen den Waldgartenmarkt mitten im Wald einzigartig.
ab 4 €, Kinder (bis 14) Eintritt frei
02863-1405
www.waldgartenmarkt.de

HAMM
10. Hammer Bierbörse
3. bis 5.5., Santa-Monica-Platz, 59065 Hamm, Fr/Sa 13–24 h, So 13–20 h
Am ersten Maiwochenende verwandelt sich der Santa-Monica-Platz in den größten Biergarten Hamms. Bei einer Auswahl von mehreren hundert Biersorten können die Besucher heimische und außergewöhnliche Spezialitäten probieren und in den gemütlichen Biergärten verweilen.
Eintritt frei
www.bierboerse.com

DORTMUND
DORTBUNT.city
4./5.5., Innenstadt, 44135 Dortmund, Sa 12–23 h, So 12–19 h
Besucher können sich auf Musik, Kunstaktionen und tolle Mitmachgeschichten auf den Straßen und Plätzen der Dortmunder Innenstadt freuen.
Eintritt frei
www.dortbunt.de

KREFELD
Art of Eden – Kunst im Botanischen Garten Krefeld
4./5.5., Botanischer Garten, Am Schönwasserpark, 47809 Krefeld, Sa–So 10–18 h
40 Bildhauer präsentieren Skulpturen für den Garten. Spazieren Sie auf den romantischen Pfaden zwischen Farne, Tulpe und Magnolie und entdecken Sie zahlreiche Kunstwerke.
8 €, Kinder (bis 16) Eintritt frei
0202-2832200
www.artofeden.de

COUPON NR. 03

Spaß und Tanz beim Wein- und Musikfest in Xanten

4./5. Mai

NEUSS
Shakespeare Festival
4. bis 25.5., Globe Theater, Hammer Landstr. 2, 41460 Neuss, Zeiten je nach Veranstaltung

Seit 1991 findet das Festival jährlich in einem Nachbau des Globe Theater auf dem Gelände der Neusser Rennbahn statt. Inszenierungen aus aller Welt erwecken die Werke des elisabethanischen Meisters zu neuem Leben.

Je nach Veranstaltung
www.kulturamt-neuss.de/shakespeare

DETMOLD
Europäischer Markt
4.5., Lange Straße/Ecke Rosental, 32756 Detmold, Sa 10–13 h

Auf dem Europäischen Markt werden kulinarische Leckerbissen aus unterschiedlichen europäischen Ländern angeboten. Es ist auch der Ort, um sich über die Partnerstädte Detmolds und des Kreises Lippe zu informieren.

Eintritt frei 05231-9770
www.detmold.de

NEUSS
Neuss blüht auf
4./5.5., Innenstadt Neuss, 41460 Neuss

Bei diesem Stadtfest laden die Neusser Einzelhändler zum Bummeln in die Innenstadt ein. Am Sonntag öffnen die Geschäfte und für das leibliche Wohl ist auch gesorgt.

Eintritt frei 02131-4037795
www.neuss-marketing.de/neuss-blueht-auf

MINDEN
Maimesse
4. bis 12.5., Kanzlers Weide, 32423 Minden, Mo–Do 15–22 h, Fr 15–23 h, Sa 14–23 h, So 14–22 h

Freuen Sie sich auf jede Menge Fahrspaß, Grusel und Unterhaltung am Weserufer. Mittwochs erwarten Sie am Familientag viele besondere Programmpunkte. Höhepunkt der Mindener Messe ist das Feuerwerk am Freitag.

Eintritt frei 0571-8290659
www.minden-erleben.de

OBERHAUSEN
GMVA Floh- und Fahrradmarkt
4.5., Liricher Straße 121, 46049 Oberhausen, Sa 9–13 h

Bereits zum 21. Mal findet auf dem Gelände der GMVA die Fahrradbörse mit Flohmarkt statt.

Eintritt frei 0208-85940
www.gmva.de

UNNA
Drahteselmarkt
4.5., Alter Markt, 59423 Unna, Sa 10–16 h

Start der Fahrradsaison in Unna. Geboten werden zahlreiche Informationsmöglichkeiten zu den verschiedensten Radthemen mit einem bunten Rahmenprogramm für die ganze Familie.

Eintritt frei 02303-103604
www.unna-marketing.de

BIELEFELD
Star Wars Reads Day
4.5., Thalia Buchhandlung, Oberntorwall 23, 33602 Bielefeld, Sa 11–16 h

Große und kleine Besucher können sich auf einen ganzen Tag im Zeichen von Star Wars mit vielen Mitmachaktionen freuen. Zum Thema verkleidete Besucher können ein Buchpaket gewinnen.

Eintritt frei 0521-583060

BIELEFELD
Frühjahrsmarkt
4./5.5., Bauernhaus Museum Bielefeld, Dornberger Straße 82, 33619 Bielefeld, Sa 12–18 h, So 11–18 h

Der Frühlingsmarkt bietet Besuchern handgearbeitete, individuelle Produkte zum Thema Garten und Haus an.

3 €, Kinder (bis 18) Eintritt frei
0521-5218550
www.bielefelder-bauernhausmuseum.de

BOCHUM
Food Lovers – Street Food Markt
4./5.5., Fiege Brauerei Bochum, Moritz-Fiege-Straße 1, 44787 Bochum, Sa 12–22 h, So 12–19 h

Essen mit Liebe: Ein buntes Zusammentreffen

von Menschen unterschiedlicher Nationen und kulinarischer Köstlichkeiten, in ungezwungener und offener Atmosphäre.
Eintritt frei
www.foodlovers-streetfood.de/food-markt-termine

VELBERT
Europafest mit verkaufsoffenem Sonntag
5.5., Innenstadt Velbert-Mitte, 42551 Velbert, So 12–18 h
Freuen Sie sich auf eine kulinarische Reise durch die Küchen Europas sowie ein buntes und multikulturelles Bühnenprogramm.
Eintritt frei 02051-262486
www.stadtmarketing.velbert.de/events

MÜLHEIM AN DER RUHR
Mülheim mittendrin & Tag des Sports
5.5., Innenstadt, 45468 Mülheim an der Ruhr, So ab 12 h
Das bunte Stadtfest mitten in Mülheim lockt mit kunterbunter Unterhaltung mit lustigen Walk-Acts, Kinder-Hüpfburg und zahlreichen Mitmachaktionen für Groß und Klein.
Eintritt frei 0208-960960
www.mein-muelheim.de

MÖNCHENGLADBACH
Mädchen Klamotte
5.5., weitere Termine: 6.10., Kaiser-Friedrich-Halle, Hohenzollernstraße 15, 41061 Mönchengladbach, So 11–16 h
Der Mädelsflohmarkt ist der richtige Ort, um gebrauchte Frauen- und Kindermode zu erwerben.
4 €, Kinder (bis 11) Eintritt frei
02151-6591774
www.maedchenklamotte.de

MESCHEDE
Maifest 2024
5.5. Innenstadt, 59872 Meschede, So ab 13 h
Es gibt viel zu entdecken: Oldtimer-Ausfahrt, Seifenkistenrennen, neues für Haus und Garten. Das Fest wird von einem verkaufsoffenen Sonntag begleitet.
Eintritt frei 0291-2050
www.meschede.de/maisonntag

HAMM
Hammer Maxilauf
5.5., Innenstadt, 59063 Hamm, So ab 12 h
Beim Maxilauf finden Sie alles vom Kinderlauf bis zum Halbmarathon. Ein Sportevent für die ganze Familie.
Je nach Veranstaltung
www.maxilauf.de

MINDEN
Musikvielfalt an der Weserschleuse
5.5. bis 29.9., Konzertpavillon an der Schachtschleuse, 32425 Minden, So 10.30–11.30 h
Jeden Sonntag treten Musikgruppen und Gesangsvereine aus der Region bei den Mindener Hafenkonzerten auf und schaffen eine zauberhafte Atmosphäre an der Schachtschleuse.
Eintritt frei 0571-8290659
www.minden-erleben.de

ERINNERUNG

DÜSSELDORF
Düsseldorfer Fischmarkt
5.5. s. Seite 19

MÖNCHENGLADBACH
Trödelmarkt Eicken
5.5. s. Seite 19

MÜNSTER
Droste Festival „Nenn mich Hexe!“
26.4. bis 5.5. s. Seite 24

GÜTERSLOH
Gütersloher Frühling
21.3. bis 20.5. s. Seite 18

DIVERSE ORTE
Klavier-Festival Ruhr
26.4. bis 16.7. s. Seite 28

Konzerte, Shows und Ausstellungen s. Seiten 6–13

BONN

Bad Godesberger Weinfest

9. bis 12.5., Theaterplatz, 53177 Bonn-Bad Godesberg, Fr 15–22 h, Sa 13–22 h, So 12–20 h

Freuen Sie sich auf Wein und Livemusik beim Bad Godesberger Weinfest. Zusätzlich wird den Gästen ein ausgewogenes Programm an kleinen Köstlichkeiten geboten.

Eintritt frei

www.bad-godesberg.info/veranstaltungen

LÜNEN

Himmelfahrtskirmes

9. bis 12.5., Theaterparkplatz, Stadttorstraße, 44532 Lünen, Do 11–22 h, Fr 10–23 h, Sa 10–23 h, So 11–22 h

Eine traditionelle Kirmes in der Lüner Innenstadt mit Fahrgeschäften für Groß und Klein. Freitag ist Familientag!

Eintritt frei 02306-1042299

www.kulturbuero-luenen.de

MÜLHEIM AN DER RUHR

Fahrradfrühling

9.5., MüGa-Park, Am Schloß Broich 28, 45479 Mülheim an der Ruhr, Do 9–17 h

Im grünen Ambiente des MüGa-Parks gibt es Informationen und Aktionen rund ums Fahrrad. Zum Volksradfahren stehen zwei Streckenvarianten zur Auswahl.

Eintritt frei 0208-960960

www.mein-muelheim.de

PADERBORN

Schloss Neuhäuser Bierfest

9. bis 12.5., Neuhäuser Schlosspark, Lindenallee, 33104 Paderborn, Zeiten noch nicht bekannt

Am Vatertagswochenende verwandelt sich die Lindenallee neben dem Neuhäuser Schloss in eine Genießer-Biermeile. Livemusik lädt zum Verweilen ein.

Eintritt frei 05251-8811092

www.schlosspark-paderborn.de

Mitreißende Musik beim Siegfriedspektakel in Xanten

9. bis 12.5., Bedburg-Hau

GartenLeben Schloss Moyland

Erleben Sie die Faszination von Garten, Kunst und Wohnen auf dem historischen Parkgelände von Schloss Moyland. Die „GartenLeben" lockt mit etwa 130 Ausstellern, die inspirierende Ideen Rund um die Themen Pflanzen, Gartenmöbel und Lifestyle bieten. Mit Kräutergartenfest.

Schloss Moyland, Am Schloss 4, 47551 Bedburg-Hau, Do–So 10–18 h

12 €, Kinder (bis 16) Eintritt frei
www.GartenLeben.net

COUPON NR. 04

TOP EVENT

RHEINE
Grillparty – Das Stadtparkpicknick
9.5., Stadtpark Rheine, 48429 Rheine, Do ab 11 h

Seit nunmehr als 40 Jahren wird an Christi Himmelfahrt die Grillsaison in Rheine im Stadtpark eröffnet. Besuchern stehen kostenlose Grills und ein vielseitiges Gastronomieangebot zur Verfügung.
Eintritt frei 05971-8006511
www.rheine-tourismus.de/events/monatliche-stadtfeste/grillparty

WITTEN
Himmelfahrtskirmes
9. bis 13.5., Innenstadt, 58452 Witten, Zeiten noch nicht bekannt

Im Zentrum der Wittener Innenstadt erwartet die Besucher ein vielseitiges Kirmesprogramm.
Eintritt frei 02302-19433
www.stadtmarketing-witten.de

XANTEN
Siegfriedspektakel 2024
9. bis 12.5., Nordwall Xanten/Kurpark, 46509 Xanten, Do–So ab 11 h

Ein großes Mittelalterfest mit Rittern, Gauklern und Drachen gewährt eine Zeitreise in das Mittelalter. Gäste im historischen Gewand können sich über einen ermäßigten Eintritt freuen.
16 €, Kinder (ab 6) 8 € 02801-772200
www.xanten.de

BONN
FedCon
10. bis 12.5., Maritim Hotel, Kurt-Georg-Kiesinger-Allee 1, 53175 Bonn, Fr–So ganztägig

Triff deine Lieblingsstars aus den verschiedensten Science Fiction Serien und Filmen. Freuen Sie sich auf drei Tage voller Stargäste, Autogramme, Fotoshoots, Vorträge, Workshops und Cosplayer.
ab 149 €
www.fedcon.de

ESSEN
Essen Original
10. bis 12.5., Essener Innenstadt, 45127 Essen, Zeiten noch nicht bekannt

Drei Tage lang können alle kleinen und großen Besucher auf der „Essen Original"-Meile und den verschiedenen Bühnen in der Essener Innenstadt feiern, Spaß haben und gute Musik genießen.
Eintritt frei 0201-887200
www.visitessen.de/essenoriginal

Die Essener City wird zur großen Open-Air-Bühne bei Essen Original.

GELSENKIRCHEN
FeVR Pitches
10. bis 26.5., St. Joseph Kirche, Königsberger Straße 77, 45881 Gelsenkirchen, Zeiten noch nicht bekannt
Wer außergewöhnliche Fußballplätze ganz nah erleben will, ist bei FeVR Pitches genau richtig. Als Einstimmung auf die UEFA EURO 2024 können Besucher hier in VR die spannendsten Fußballplätze Europas entdecken.
Eintritt frei
www.fevr-pitches.eu

MECHERNICH
Kinderritter
11./12.5., Burg Satzvey, An der Burg 3, 53894 Satzvey, Sa/So 12–19 h
Freuen Sie sich auf ein Mittelalterlager mit Markt- und Handwerksständen. Außerdem gibt es eine spannende Mittelalter-Schnitzeljagd für Kinder.
15 €, Kinder (4–12) 12 € 02256-95830
www.burgsatzvey.de/veranstaltungen

STRAELEN
Frühlingsblumenmarkt
11.5., Marktplatz und Innenstadt, 47683 Straelen, Sa 9–17 h
Am Samstag vor Muttertag gibt es auf dem Frühlingsmarkt Blumen für Balkon, Terrasse und Garten in Hülle und Fülle. Lassen Sie sich inspirieren von vielen Geschenkideen für den Muttertag.
Eintritt frei 02834-702992
www.straelen.de

STEINFURT
Kreativ- und Handwerkermarkt
11./12.5., Markt, 48565 Steinfurt-Burgsteinfurt, Sa/So 11–18 h
Genießen Sie die historische Atmosphäre des Marktplatzes und entdecken Sie Handwerkskunst. Begleitet wird der Markt von einem verkaufsoffenen Sonntag.
Eintritt frei 02551-186900
www.steinfurt-touristik.de

NEUSS
City-Trödelmarkt
12.5., weiterer Termin: 8.9., Innenstadt Neuss, 41460 Neuss, So 11–18 h
Auf diesem charmanten Trödelmarkt in der Neusser Innenstadt wird eine abwechslungsreiche Auswahl an Gebrauchtwaren angeboten.
Eintritt frei 02182-3697
www.ivengmbh.de/city-markt-neuss-innenstadt

ERINNERUNG

DIVERSE ORTE
Klavier-Festival Ruhr
26.4. bis 16.7. s. Seite 28

MINDEN
Maimesse
4. bis 12.5. s. Seite 32
Musikvielfalt an der Weserschleuse
5.5. bis 29.9. s. Seite 33

GÜTERSLOH
Gütersloher Frühling
21.3. bis 20.5. s. Seite 18

NEUSS
Shakespeare Festival
4. bis 25.5. s. Seite 32

Konzerte, Shows und Ausstellungen s. Seiten 6–13

COESFELD
48. Coesfelder Pfingstwoche
15. bis 18.5., Markt 8, 48653 Coesfeld
Seit fast 50 Jahren wird das viertägige Open-Air-Event am Ufer der Umflut veranstaltet. Das vielseitige Rahmenprogramm bietet Abwechslung für Jung und Alt. Die Coesfelder Gastronomen sorgen für das leibliche Wohl.
Eintritt frei
www.coesfeldundpartner.de

RATINGEN
ZeltZeit
16. bis 19.5., Erholungspark Volkardey, Am Seeufer 56, 40880 Ratingen
Zeiten je nach Veranstaltung
Ein Kulturfestival mit buntem Programm aus Musik und Comedy. Dazu gibt es einen Zeltgottesdienst sowie ein Drachenbootrennen.
ab 15 €
www.zeltzeit-ratingen.de

LEVERKUSEN
Landpartie Schloss Morsbroich
17. bis 20.5., Gustav-Heinemann-Str. 80, 51337 Leverkusen, Fr 12–18 h, Sa 10–18 h, So 10–18 h, Mo 18 h
Erleben Sie einen Tag fernab des Alltags und finden Sie einzigartige und ausgefallene Geschenkideen aus den Bereichen Mode & Schmuck, Genuss & Kulinarik, Haus & Garten sowie Kunst. Genießen Sie dazu den prunkvollen Spiegelsaal des Schlosses.
10 €, Kinder (bis 18) Eintritt frei
0214-4064500
www.museum-morsbroich.de

COUPON NR. 05

DETMOLD
BILDSTÖRUNG 2024
17. bis 19.5., Innenstadt, 32756 Detmold, täglich ab 12 h
Das Straßentheaterfestival Detmold bietet mit großartigen Theaterproduktionen und Performances ein facettenreiches Programm.
Eintritt frei 05231-977920
www.bildstoerung.net

MOERS
Moers Festival
17. bis 20.5., ENNI Eventhalle, Filder Straße 142, 47447 Moers, Fr–Mo 11–23 h
Besucher können sich auf ein Jazzfestival für Musik mit drei zentralen Spielorten freuen. Das Festivaldorf im Moerser Stadtpark lädt zum Verweilen ein.
ab 46 €
www.moers-festival.de

SO, 19.5.
INTERNATIONALER MUSEUMSTAG
Über 6500 Museen gibt es allein in Deutschland. Viele von ihnen laden am Museumstag unter dem Motto „Das Museum für alle – Museen für Vielfalt und Inklusion" zu Führungen auch für Kinder, Mitmachaktionen oder Museumsnächten ein, um Neugierde für ihre Sammlungen zu wecken oder zu erhalten.
Infos: **www.museumstag.de**

GÜTERSLOH
Weinmarkt
17. bis 20.5., Hans-Werner-Henze-Platz, 33330 Gütersloh
Besucher des Weinmarkts in Gütersloh können sich auf ein Fest ganz im Zeichen des Rebensafts freuen.
Nicht bekannt 05241-821
www.guetersloh.de

GÜTERSLOH
Pfingstkirmes
17. bis 20.5., Marktplatz, 33330 Gütersloh
Besuchen Sie die Pfingstkirmes und erfreuen Sie sich an abwechslungsreichen Attraktionen und einem vielseitigen gastronomischen Angebot.
Eintritt frei 05241-821
www.guetersloh.de

MÜNSTER
BACH INSPIRIERT Bachfest 2024
17. bis 26.5., verschiedene Orte, 48143 Münster, Zeiten je nach Veranstaltung
Das Bachfest wird 2024 unter dem Motto „BACH INSPIRIERT" veranstaltet. Neben Originalmusik von Johann Sebastian Bach werden Programme präsentiert, die durch ihn inspiriert sind. Es werden auch Musikschulen und musizierende Laien, vor allem Chöre, einbezogen.
Nicht bekannt
www.bachfest-muenster.de

GREFRATH
GartenLeben Freilichtmuseum Dorenburg
18. bis 20.5., Freilichtmuseum Dorenburg, Am Freilichtmuseum 1,47929 Grefrath, Sa–Mo 10–18 h
Auf dem wunderschönen Gelände des Freilichtmuseums Dorenburg bietet der Gartenmarkt mit über 100 Ausstellern Inspirationen für Garten, Kunst und Wohnen. Entdecken Sie ein Angebot aus Pflanzen, Gartenmöbeln, Lifestyle, Textilien und Delikatessen.
12 €, Kinder (bis 16) Eintritt frei
0202-2832200
www.gartenleben.net

COUPON NR. 06

KREFELD
Flachsmarkt
18. bis 20.5., Burg Linn, Rheinbabenstr. 85, 47809 Krefeld, Sa/So 10–19 h, Mo 10–18 h
Der traditionelle Handwerker- und Erlebnismarkt bietet niveauvolle Demonstrationen verschiedenster Handwerkskünste und ein attraktives Rahmenprogramm mit Rittern und Musikanten.
10 €, Kinder (6–16) 3 €
www.flachsmarkt.de

MECHERNICH
Ritterfestspiele Pfingsten
18. bis 20.5., Burg Satzvey, An der Burg 3, 53894 Satzvey, Sa/So 12–20 h, Mo 12–19 h
Freuen Sie sich auf ein Ritterturnier mit grossem Mittelaltermarkt, Gauklern und Spielleuten. Es wird ein spektakuläres Showprogramm geboten.
18 €, Kinder (4–12) ab 12 € 02256-95830
www.burgsatzvey.de/veranstaltungen

Das Pfingst-Spektakulum in Mülheim

MÜLHEIM AN DER RUHR
Pfingst-Spektakulum
18. bis 20.5., Am Schloß Broich, 45479 Mülheim a. d. Ruhr, Sa 13–22 h, So 11–22 h, Mo 11–19 h
Das Spektakulum bietet authentische Heerlager, Ritterturniere und ein buntes Markttreiben mit Gauklern, Geschichtenerzählern und kulinarischen Köstlichkeiten.
15 €, Kinder (bis 14) 8 € 0208-960960
www.mein-mülheim.de

MÜNSTER
Flohmarkt
18.5., weitere Termine: 17.8., 21.9., Promenade, 48143 Münster, Sa 8–16 h
Bummeln Sie auf diesem Flohmarkt und finden Sie Ihr Schnäppchen oder Sammelstück. Genießen Sie dabei die einmalige Atmosphäre entlang der Promenade.
Nicht bekannt 0251-66000
www.flohmarkt-muenster.de

18./19. Mai

SCHÖPPINGEN
31. Internationales Blues Festival
18./19.5., Metelener Straße 2, 48624 Schöppingen, Sa/So ab 14 h
Besucher können zwei Tage lang an verschiedenen Bühnen international renommierte Künstler und Newcomer entdecken. Ein Höhepunkt ist Robert Cray, der sein 50-jähriges Bühnenjubiläum feiert.
ab 110 €
www.kulturring-schoeppingen.de

BERGISCH-GLADBACH
Pfingstkirmes
18. bis 21.5., Konrad-Adenauer-Platz 5, 5165 Bergisch-Gladbach
Das beliebte und bekannte Volksfest zieht zahlreiche Menschen an, die Fahrgeschäfte und kulinarische Köstlichkeiten genießen.
Eintritt frei 02202-140
www.bergischgladbach.de

PADERBORN
Pader-Kultour
19.5., Entlang der Pader, 33098 Paderborn, So 14–19 h
An vielen Standorten entlang des grünen Paderufers wird ein buntes Programm geboten. Auch internationale Künstler sind mit dabei.
Eintritt frei 05251-880
www.paderborn.de/veranstaltungen

ERINNERUNG

BERGISCH-GLADBACH
Führung im Papiermuseum
19.5. s. Seite 23

Flohmarkt an der Rheinaue
18.5. s. Seite 22

DIVERSE ORTE
Klavier-Festival Ruhr
26.4. bis 16.7. s. Seite 28

GÜTERSLOH
Gütersloher Frühling
21.3. bis 20.5. s. Seite 18

GELSENKIRCHEN
FeVR Pitches
10. bis 26.5. s. Seite36

MINDEN
Musikvielfalt an der Weserschleuse
5.5. bis 29.9. s. Seite 33

NEUSS
Shakespeare Festival
4. bis 25.5. s. Seite 32

Konzerte, Shows und Ausstellungen
s. Seiten 6–13

CAVALLUNA
PASSION FOR HORSES
LAND DER TAUSEND TRÄUME
25. - 26.05.24 Düsseldorf
PSD BANK DOME
www.cavalluna.com
RTL
Pferd&Co
Pferd
Tiere
Pikeur
Eskadron
St Hippolyt
RHEINISCHE POST

Picknickatmosphäre vor dem Vredener kult

KÖLN

Adler-Modellspielzeugmarkt

20.5., weitere Termine: 8.9., 3.11., Stadthalle Köln-Mülheim, Jan-Wellem-Straße/ Wiener Platz, 51065 Köln, Mo/So 11–15 h

Private und gewerbliche Händler bieten Modellspielzeug, Zubehör, altes Blechspielzeug und Literatur zum Kauf an.

7 € 02274-7060703

www.adler-maerkte.de

OER-ERKENSCHWICK

AOK-Firmenlauf Oer-Erkenschwick

23.5., Zeche Ewald Fortsetzung, Ewaldstraße 19, 45739 Oer-Erkenschwick, Do 17–22 h

Alle laufbegeisterten Freizeitsportler sind eingeladen in Viererteams am Lauf teilzunehmen. Der Lauf erstreckt sich über 5,3 km und ist einfach ohne schwere Steigungen.

Preis pro Team 76 € 02361-901122

www.firmenlauf-oe.de

DÜLMEN

Dreifaltigkeitskirmes

24. bis 27.5., Innenstadt, 48249 Dülmen, Fr 15–00 h, Sa 14–00 h, So 11–22 h, Mo 14–22 h

Freuen Sie sich auf eine Kirmes mit circa 70 Schaustellern, die eine Vielfalt an Buden und Fahrgeschäften bieten. Ein Krammarkt und verkaufsoffener Sonntag runden das Erlebnis ab.

Eintritt frei

GELSENKIRCHEN

Places Festival

24./25.5., Festivalzentrum Heilig-Kreuz-Kirche, Bochumer Straße 115, 45886 Gelsenkirchen

Das Places Festival bietet die Möglichkeit Virtual und Augmented Reality live und interaktiv zu erleben.

Eintritt frei

www.places-festival.de

RECKLINGHAUSEN

42. Marktplatzspringen

24.5., Markt, 45657 Recklinghausen

Das Marktplatzspringen ist das Treffen der nationalen und internationalen Hochsprungszene auf dem Marktplatz in der Innenstadt.

Eintritt frei

www.marktplatzspringen-re.de

Virtual und Augmented Reality live erleben beim Places Festival in Gelsenkirchen.

VREDEN
Picknick am kult
24.5., Kirchplatz 14, 48691 Vreden, Fr ab 18 h
Freuen Sie sich auf Picknickatmosphäre vor dem Vredener kult. Auf der Bühne tritt zunächst das Akustikduo „Django Flint" auf, bevor die Coverband „Coltplay" übernimmt.
Eintritt frei 02564-9899199
www.stadtmarketing-vreden.de

MO, 20.5.
Deutscher Mühlentag

Sie klappert am rauschenden Bach und dreht sich im Winde: Pfingstmontag öffnen deutsche Wind- und Wassermühlen, häufig noch in Betrieb, traditionell ihre Tore und präsentieren ihren Besuchern alte Mahlwerke, Technik und Abläufe bei Besichtigungen, Programmen und Führungen.
Infos unter: **www.deutsche-muehlen.de**

BOCHUM
Ruhr International 2024
25./26.5., An der Jahrhunderthalle 1, 44793 Bochum
Das zweitägige Fest der Kulturen lädt in die Jahrhunderthalle Bochum ein, um Programm und Gastronomie zu entdecken.
Eintritt frei 0234-6871610
www.ruhr-international.de

BORKEN
17. Dragonboat-Cup 2024
25.5., Pröbstingsee, 46325 Borken, Sa ganztägig
Die Besucher können sich auf spannende Wettkämpfe beim 17. Dragonboat-Cup 2024 freuen.
Eintritt frei
www.dragonboatclub.de

DORMAGEN
Sturm auf Zons
25./26.5., Burggelände der Burg Friedestrom, 41541 Dormagen-Zons, Sa 12–20 h, So 12–20 h
Besucher tauchen in ein lebendiges Mittelalter ein und erleben ein großes Heerlager, umfangreiches Programm, Mittelaltermarkt und den großen Sturm auf die Burg. Ein echtes Spektakel!
Nicht bekannt 02133-257647
www.sturm-auf-zons.de

DÜLMEN
Wildpferdefang
25.5., Merfelder Bruch, 48249 Dülmen, Sa 8.30–18.30 h,
Seit 1907 werden alljährlich am letzten Samstag im Mai die Jährlingshengste eingefangen. Alle Wildpferde werden in eine Arena getrieben und nach dem Herausfangen der einjährigen Hengste wieder in die Freiheit entlassen. Die Jährlingshengste werden durch Versteigerung zum Kauf angeboten.
ab 12 €
www.wildpferde.de

VIERSEN
35. Viersener OldtimerRallye
25.5., Remigiusplatz, 41747 Viersen
Bewundern Sie über 125 Oldtimer-Fahrzeuge, die am Remigiusplatz an den Start gehen und sich auf den Weg durch die schöne niederrheinische Landschaft machen. Das Ziel ist der Alter Markt in Dülken.
Nicht bekannt 02162-4808400
www.viersener-oldtimerrallye.de

Spannendes Marktplatzspringen in Recklinghausen

25./26. Mai

Das Fest der Demokratie in Bonn

GÜTERSLOH

Lange Nacht der Kunst

25.5., Innenstadt, 33330 Gütersloh, Sa 19–24 h

Für einen Abend laden Galerien und Kulturinstitutionen Besucher zu später Stunde in ihre Räumlichkeiten ein, um Installationen, Gesangs- und Tanzauftritte zu zeigen.

Eintritt frei 05241-822072

www.guetersloh.de/de/langenachtderkunst

BONN

Fest der Demokratie

25.5., Platz der Vereinten Nationen, 53113 Bonn, Sa 11–19 h

Im ehemaligen Bundesviertel erwartet Sie an diesem Tag anlässlich des 75. Jubiläums der Unterzeichnung des Grundgesetzes ein buntes Programm für die ganze Familie.

Eintritt frei 0228-772112

https://demokratie.bonn.de

EMSDETTEN

Flohmarkt in der Kirchstraße

25.5., Kirchstraße, 48282 Emsdetten, Sa 7–13 h

Entlang der Kirchstraße zwischen der Gaststätte Engeln und der Gustav-Adolf-Kirche bieten verschiedene Händler ihre gebrauchte Ware zum Kauf an.

Eintritt frei 02572-93070

www.vvemsdetten.de

MOERS

Trödel in der City

26.5., weitere Termine: 21.7., 22.9., Innenstadt, 47441 Moers, So 11–17.30 h

Auf weiten Gebieten der Moerser Innenstadt werden Gebrauchtwaren zum Erwerb angeboten. Verschiedene Imbissstände sorgen für das leibliche Wohl.

Eintritt frei 02841-882260

www.moers-marketing.de

OBERHAUSEN

Schallplattenbörse Oberhausen

26.5., Luise-Albertz-Halle, Düppelstraße 1, 46045 Oberhausen, So 11–16 h

Aussteller aus dem In- und Ausland präsentieren über eine Million Tonträger aus allen Musikrichtungen seit den 50er Jahren bis zu den aktuellsten Neuerscheinungen aus den Charts.

Eintritt 5 €, Kinder (bis 12) Eintritt frei

0211-9559250

www.schallplatten-boersen.de

PADERBORN

22. Paderborner Fahrradtag

26.5., Barockgarten von Schloss Neuhaus, 33104 Paderborn, So 11–18 h

Beim 22. Paderborner Fahrradtag dreht sich alles um die Drahtesel. Es gibt eine Fundradversteigerung und Eismann Skotty besucht die Veranstaltung mit seinem Nostalgie-Eisfahrrad.

Für jede Altersgruppe ist etwas dabei.
Nicht bekannt 05251-880
www.paderborn.de/veranstaltungen

AACHEN
Adler-Modellspielzeugmarkt
26.5., weitere Termine: 29.9., 10.11., Park-Terrassen, Dammstraße 40, 52066 Aachen, So 11–15 h
Private und gewerbliche Händler bieten Modellspielzeug, Zubehör, altes Blechspielzeug und Literatur zum Kauf an.
7 € 02274-7060703
www.adler-maerkte.de

Ganz viel Action beim Stadtfeuerwehrtag in Recklinghausen

RECKLINGHAUSEN
Stadtfeuerwehrtag
26.5., Rathausplatz, 45657 Recklinghausen, So 11–17 h
Besucher können sich freuen auf ein Stadtfest mit Vorführungen der Feuerwehr und Rettungskräfte.
Eintritt frei 02361-306991000
www.recklinghausen.de

GREVENBROICH
MaiMarkt
26.5., Poststraße/Marktplatz, Wevelinghoven, 41516 Grevenbroich, So 11–18 h
Das traditionelle Familienfest in GV-Wevelinghoven lädt ein. Parallel findet ein verkaufsoffener Sonntag statt.
Nicht bekannt 0171-1911920
www.wig-wevelinghoven.de

VIERSEN
Stadt.LandMarkt.Viersen
26.5., Innenstadt, 41747 Viersen, So 11–18 h
Der Markt bietet regionaltypische Produkte und Freizeitangebote an. Parallel findet ein verkaufsoffener Sonntag statt.
Nicht bekannt 02162-101280
www.viersen.de

ERINNERUNG

BERGISCH-GLADBACH
Führung im Papiermuseum
19.5. s. Seite 23

BONN
Flohmarkt an der Rheinaue
18.5. s. Seite 22

DIVERSE ORTE
Klavier-Festival Ruhr
26.4. bis 16.7. s. Seite 28

GÜTERSLOH
Gütersloher Frühling
21.3. bis 20.5. s. Seite 18

GELSENKIRCHEN
FeVR Pitches
10. bis 26.5. s. Seite 36

MINDEN
Musikvielfalt an der Weserschleuse
5.5. bis 29.9. s. Seite 33

NEUSS
Shakespeare Festival
4. bis 25.5. s. Seite 32

Konzerte, Shows und Ausstellungen s. Seiten 6–13

Der Leineweber-Markt in Bielefeld

BIELEFELD

Leineweber-Markt

29.5. bis 2.6., Innenstadt, 33619 Bielefeld

Der Leineweber-Markt verwandelt die Bielefelder City in eine Open-Air-Veranstaltungsbühne. Mit Livekonzerten, Straßentheater, vielfältigem Streetfood, Kleinkunst und Show-Spektakeln bietet die Kirmes ein facettenreiches Erlebnis für alle Besucher.

Eintritt frei 0521-516999

www.bielefeld.jetzt/leineweber

DORTMUND

Festival der Dortmunder Bierkultur

29.5. bis 1.6., Friedensplatz, 44135 Dortmund, Mi–Fr 17-24 h, Sa 14-24 h

Ein Angebot von über 120 Bieren und Craftbieren lädt auf dem Friedensplatz zum Probieren und Genießen ein.

Nicht bekannt 0234-52007299

www.hopfenseidank.de/events/festival-der-dortmunder-bierkultur

OBERHAUSEN

Sterkrader Fronleichnamskirmes

29.5 bis 3.6., Festgelände im Zentrum von Sterkrade, 46145 Oberhausen, Mi–Mo ganztägig

Die Sterkrader Fronleichnamskirmes in Oberhausen begeistert mit einer lebhaften Atmosphäre, aufregenden Fahrgeschäften und vielfältigen gastronomischen Angeboten. Das traditionelle Volksfest zieht jedes Jahr zahlreiche Besucher an und ist ein beliebtes Highlight in Oberhausen.

Eintritt frei

www.fronleichnamskirmes.de

ESSEN

25 Jahre Route der Industriekultur/ Local Hero

29.5. bis 2.6., UNESCO-Welterbe Zollverein, Gelsenkirchener Str. 181, 45309 Essen, Zeiten je nach Veranstaltungen

Mit einem bunten Veranstaltungsprogramm feiert das Welterbe seinen 25. Geburtstag mit einem Familientag, Ausstellungen und neuen Stationen im Portal der Industriekultur. Am Wochenende lockt die ExtraSchicht mit einem „Best-of"-Programm und dem UNESCO-Welterbetag..

Nicht bekannt 0201-246810

www.zollverein.de

BOCHUM

Kemnade Family & Friends

30.5. bis 2.6., Hevener Straße 335, 44801 Bochum, Fr/Sa 12–23 h, Do/So 11–20 h

Für ein ganzes Wochenende lädt die Familienkirmes am Kemnader See ein, um Attraktionen, Kinder- und Bühnenprogramm zu genießen.

Nicht bekannt

www.kemnade-family-and-friends.de

LEVERKUSEN
39. Schlebuscher Schützen- & Volksfest
30.5. bis 2.6., Wuppermannpark bis Marktplatz, 51375 Leverkusen-Schlebusch, Do 11–22 h, Fr/Sa 15–23 h, So 11–22 h
Beim 39. Schlebuscher Schützen- und Volksfest erwartet die Besucher ein buntes Bühnenprogramm sowie ein familienfreundlicher Jahrmarkt mit rund 100 Jahrmarkthändlern.
Eintritt frei 02171-3801
www.schlebuscher-volksfest.de

DUISBURG
Duisburger Matjesfest
30.5. bis 2.6., Neumarkt, 47119 Duisburg Do–Sa 10–21 h, So 11–18 h,
Ein vielfältiges Gastronomieangebot, Fischstände und kühle Getränke laden zum Verweilen ein. Freuen Sie sich auf ein musikalisches Rahmenprogramm und zahlreiche Aktionen.
Eintritt frei
www.duisburgkontor.de/events/matjesfest

LIPPSTADT
Altstadtfest
30.5. bis 2.6., Innenstadt, 59557 Lippstadt, Do 11–24 h, Fr 12–24 h, Sa 11–24 h, So 11–20 h
Freuen Sie sich auf Livemusik mit Top-Acts, Kleinkunst, Tanzgruppen, Streetfood und ein vielseitiges Rahmenprogramm in der Lippstädter Altstadt. Ein Flohmarkt und der verkaufsoffene Sonntag laden zum Bummeln ein.
Eintritt frei 02941-58515
www.lippstadt.de

SUNDERN
Kultur rockt
30.5. bis 2.6., c/o Haus Berghoff, In der Ecke 6, 59846 Sundern, Do–Sa ab 17.30 h, So ab 14 h
Besucher erwartet ein Festival mit Musik von Rock und Pop bis Klassik, Literatur, Schauspiel, bildender Kunst und Kulinarik.
ab 24 € 02933-2765
www.kultur-rockt.com

MINDEN
Ein Fest der Demokratie
30.5., Fort A, 32423 Minden, Do 11–20 h
Anlässlich der Feier zu „75 Jahre Grundgesetz" können sich Besucher auf ein vielseitiges Bühnenprogramm freuen.
Eintritt frei
www.kulturloungeminden.de

HERNE
Wanner Mondnächte
31.5./1.6., Am Buschmanshof, 44623 Herne, Fr 14–24 h, Sa 15–24 h
Im Herzen Wannes feiern jährlich tausende Besucher ein lautes und leckeres Fest mit

Die Wanner Mondnächte sind ein lautes und leckeres Fest im Herzen Wannes.

Die ExtraSchicht auf dem UNESCO-Welterbe Zollverein in Essen

zahlreichen Cover- und Lokalbands, die ein breites Musikangebot bieten. Auf die Kinder wartet ein prall gefülltes Mitmachprogramm.
Eintritt frei 02323-1910514
www.wanner-mondnaechte.de

DIVERSE ORTE IM RUHRGEBIET

ExtraSchicht

1.6., diverse Orte, Sa 18–2 h

Ein Kulturfestival für die ganze Metropole Ruhr. 200.000 Besucher, knapp 35 Spielorte, 19 Städte, eine Nacht: Seit 2001 setzt die ExtraSchicht, die Nacht der Industriekultur, die Metropole Ruhr in Szene. Auf dem Programm stehen mittlerweile rund 500 Events, von klassischer Musik über Theater, Comedy und Sonderführungen bis hin zum Höhenfeuerwerk.
ab 20 € (ein Ticket für alle Events + öffentl. Verkehrsmittel) 01806-181650*
www.extraschicht.de

*20 ct aus allen deutschen Netzen

DÜSSELDORF

Japan-Tag

1.6., Düsseldorfer Altstadt, 40213 Düsseldorf, ganztägig

Eines der größten japanischen Kultur- und Begegnungsfeste in Europa bietet ein buntes, vielfältiges Programm. Zum Abschluss gibt es das berühmte riesige japanische Feuerwerk.
Eintritt frei 0211-15981232
www.japantag-duesseldorf.nrw.de

SO, 2.6.
UNESCO Welterbetag

Über ein vielfältiges kulturelles Angebot öffnen sich die Welterbestätten nicht nur als Denkmäler, sondern im Sinne der UNESCO-Idee auch als Foren für Dialog und Begegnung den Menschen.
Infos: **www.welterbedeutschland.de** und **www.unesco.de/kultur**

NEUSS

Street Beach Festival

31.5. bis 2.6., Innenstadt, 41460 Neuss

Bei dem Festival wird am Wochenende in der Innenstadt ein karibisches Urlaubsparadies erschaffen. Auf die Besucher wartet eine riesige Strandlandschaft, große Palmen, Liegestühle und frische Cocktails sowie ein abwechslungsreiches Musikprogramm.
Eintritt frei
www.neuss-marketing.de

Die schauinsland reisen Party-Zeitreise

DIE 90er live®

Open Air Oberhausen

DIE GRÖßTE 90ER OPEN AIR PARTY DEUTSCHLANDS

SAMSTAG, 08.06.2024

FREIGELÄNDE RUDOLF WEBER-ARENA OBERHAUSEN

MODERATION:
MOLA ADEBISI &
DJ CHRISTIAN SCHALL

2 BÜHNEN

OLI.P · VENGABOYS · 2 UNLIMITED
CAPTAIN JACK · MASTERBOY & BEATRIX DELGADO
DR. ALBAN · LUTRICIA MCNEAL · REDNEX
WHIGFIELD · S.T.S.B. AKA FUN FACTORY
JENNY BERGGREN FROM ACE OF BASE

MAURO PICOTTO · CHARLY LOWNOISE
DJ QUICKSILVER · DJ DUNE · KLUBBHEADS
DJ SASH! · PULSEDRIVER · AQUAGEN
BROOKLYN BOUNCE DJ · KOSMONOVA
WOODY VAN EYDEN · MELANIE DI TRIA

TICKETS AUF

WWW.90ER-LIVE.DE

MK MARKUS KRAMPE · schauinsland reisen · POLYGON · sparhandy · MPM MUSIC · MK MARKUS KRAMPE

MINDEN
Martini um 12
1.6. bis 28.9., Innenstadt, 32423 Minden, Sa ab 12 h

Freuen Sie sich jeden Samstag auf ein vielseitiges Kulturangebot in der Mindener Innenstadt. Genießen Sie kostenlose Konzerte aus wechselnden Musikrichtungen.

Eintritt frei 0571-8290659
www.minden-erleben.de

CASTROP-RAUXEL
Holland Markt
2.6., Europaplatz 10, 44575 Castrop-Rauxel, So 11–18 h

Rund 35 holländische Händler bieten typische Food- und Nonfood-Waren an. Besucher erwartet neben holländischen Spezialitäten und traditionellen Leckereien Livemusik und eine Oldtimer-Ausstellung.

Eintritt frei
www.eventforum-castrop.de

EUSKIRCHEN
Rheinischer Wollmarkt
2.6., LVR-Industriemuseum Tuchfabrik Müller, Carl-Koenen-Str. 25b, 53881 Euskirchen, So 11–17 h

Schafe, Wolle, Textilkunst, Textilien und Handarbeiten stehen im Mittelpunkt des Marktes auf dem weitläufigen Museumsgelände.

Eintritt frei 02234-9921555
www.industriemuseum.lvr.de/de/die_museen/euskirchen

MÖNCHENGLADBACH
Adler-Modellspielzeugmarkt
2.6., weitere Termine: 15.9., 15.12., Kaiser-Friedrich-Halle, Hohenzollernstraße 15, 41061 Mönchengladbach, So 11–15 h

Private und gewerbliche Händler bieten Modellspielzeug, Zubehör, altes Blechspielzeug und Literatur zum Kauf an.

7 € 02274-7060703
www.adler-maerkte.de

VIERSEN
Kinder- und Jugendflohmarkt
2.6., Hauptstraße, 41747 Viersen, So 11–18 h

Bei diesem besonderen Flohmarkt bieten Kinder und Jugendliche im Alter von 6 bis 17 Jahren ihre Schätze zum Verkauf an.

Eintritt frei 02162-101605
www.viersen.de

WUPPERTAL
Cosplay im Grünen Zoo
2.6., Der Grüne Zoo Wuppertal, Hubertusallee 30, 42117 Wuppertal, So 10–16 h

Cosplayer aus ganz NRW präsentieren sich im Grünen Zoo, der an diesem Tag wie eine entfernte Galerie wirkt. Entdecken Sie Ihre Lieblingscharaktere aus bekannten Franchises. Walking Acts, eine Parade, ein Fotopoint und vieles mehr erwartet die Besucher.

19 €, erm. 10 €
www.wuppertal.de/microsite/zoo/index.php

ERINNERUNG

DIVERSE ORTE
Klavier-Festival Ruhr
26.4. bis 16.7. s. Seite 28

DÜSSELDORF
Düsseldorfer Fischmarkt
2.6. s. Seite 19

MÖNCHENGLADBACH
Trödelmarkt Eicken
2.6. s. Seite 19

MINDEN
Musikvielfalt an der Weserschleuse
5.5. bis 29.9. s. Seite 33

Konzerte, Shows und Ausstellungen s. Seiten 6–13

Viel Spaß und Action am und auf dem Wasser beim Hafenfest in Bergkamen

BALVE
Balve Optimum DM
6. bis 9.6., Wocklum, 58802 Balve, Do–So 9–18 h
Ein Reitsportereignis sind die deutschen Meisterschaften im Spring- und Dressurreiten. Dazu wird den Zuschauern ein tolles Rahmenprogramm sowie über 100 Messestände geboten.
ab 10 €
www.balve-optimum.de

HERNE
St. Elisabeth-Firmenlauf Herne
6.6., Sportpark Herne, Im Sportpark 20, 44652 Herne, Do 17–22 h
Alle laufbegeisterten Freizeitsportler sind eingeladen in Gruppen am Lauf teilzunehmen. Der Lauf erstreckt sich über 5,1 Kilometer.
76 € 02361-901122
www.firmenlauf-herne.de

MÜNSTER
„Münster verwöhnt…"
7.6., Schlossplatz, 48143 Münster, Fr ab 11 h
Freuen Sie sich auf ein kulinarisches Ereignis und genießen Sie die exklusiven Köstlichkeiten zu kleinem Preis.

MINDEN
Weinfest
6. bis 8.6., Kleiner Domhof, 32427 Minden
Besuchen Sie das traditionelle Weinfest auf dem kleinen Domhof und genießen Sie den vielfältigen Rebensaft.
0571-8889227
www.minden-city.de

BERGKAMEN
22. Bergkamener Hafenfest
7. bis 9.6., Westfälisches Sportbootzentrum – Marina Rünthe, Hafenweg, 59192 Bergkamen, Fr 18–00 h, Sa 11–00 h, So 11–18.30 h

Das 22. Hafenfest verspricht ein abwechslungsreiches Erlebnis mit Kinderprogramm, Live-Musik, vielfältigen Ausstellern und verschiedenen gastronomischen Angeboten. Genießen Sie ein unterhaltsames Programm am und auf dem Wasser.
Eintritt frei 02307-9650
www.bergkamen.de/kultur-tourismus-sport-events/veranstaltungen

DUISBURG
Drachenboot-Fun-Regatta
7.6. bis 9.6., Duisburger Innenhafen, 47051 Duisburg, Zeiten je nach Veranstaltung
Zum 24. Mal findet die größte Drachenboot-Regatta Europas in Duisburg statt. Besucher können sich auf ein fröhliches, spannendes und sportliches Erlebnis freuen.
Eintritt frei
www.duisburgkontor.de/events/drachenboot-fun-regatta

BONN
15. Ballonfestival
7. bis 9.6., Rheinauenpark, Ludwig-Erhard-Allee, 53113 Bonn, Fr ab 19 h, Sa/So ab 7 h
Geplant sind 6 Massenstarts der teilnehmenden Heißluftballone, davon zwei in den frühen Morgenstunden und das traditionelle Ballonglühen am Samstag Abend. Kleine und große Fans kommen beim Familienfest mit Spiel und Spaß am Samstag und Sonntag rund um das Thema Heißluftballone auf Ihre Kosten.
Eintritt frei, Ballonfahrten ab 199 €
www.ballonfestival-bonn.de

MÜNSTER
Docklands Festival
8.6., Am Hawerkamp, 48155 Münster
Das Docklands Festival lockt zum 13. Mal Liebhaber der elektronischen Musik aus ganz Deutschland nach Münster. Erleben Sie eine Vielzahl von Künstlern auf verschiedenen Bühnen.
ab 51 €
www.docklands-festival.de

DORTMUND
Das Fest der Chöre
8.6., Dortmunder Innenstadt, 44137 Dortmund, Sa ab 10 h
Auf zahlreichen Bühnen präsentieren Chöre und Vokalensembles aus der Stadt und dem Umland ihre Kunst.
Nicht bekannt

Die Drachenboot-Fun-Regatta am Innenhafen Duisburg

Das Fest der Chöre in Essen

ESSEN
Drachenboot-Festival Essen
8. bis 10.6., Baldeneysee Regattabahn, 45133 Essen, Sa–Mo 9–16.30 h
Besucher können sich auf das Drachenboot-Spektakel auf dem schönen Baldeneysee freuen.
Eintritt frei
www.drachenboot-essen.de

ESSEN
Ein Sommernachtstraum
8.6., Schloß Borbeck, Schloßstraße 101, 45355 Essen, Sa ab 19 h
Rufus Beck spielt und erzählt mit musikalischer Untermalung im Stile eines Stand-up-Comedian seine Version des Sommernachtstraums.
ab 20 €, Kinder (bis 5) Eintritt frei
0201-8844219

COUPON NR. 07

NEUSS
40. Neusser Sommernachtslauf
8.6., Innenstadt Neuss, 41460 Neuss, Sa ab 16 h
Freuen Sie sich auf den Neusser Sommernachtslauf, ein mitreißendes Sporterlebnis.
Nicht bekannt

MÜNSTER
Münster verwöhnt
9. bis 11.6., Schloßplatz, 481436 Münster, Fr 11–24 h, Sa. 11–24 h, So 11–20 h
Die Gourmetveranstaltung „Münster verwöhnt" lädt ihre Besucher ein, exklusive Köstlichkeit zu erschwinglichen Preisen zu entdecken.
Eintritt frei
www.web.muenster.de

VIERSEN
32. Dülkener Kindertag
9.6., Innenstadt Dülken, 41751 Viersen-Dülken, So 11–18 h
Der Kindertag bietet vielseitige Mitmachaktionen für die ganze Familie. Begleitet wird das Fest von einem verkaufsoffenen Sonntag.
Nicht bekannt
www.viersenaktiv.de

ERINNERUNG

DIVERSE ORTE
Klavier-Festival Ruhr
26.4. bis 16.7. s. Seite 28

DÜSSELDORF
Büchermeile
8./9.6. s. Seite 21

DUISBURG
Jazz auf'm Plazz
6.6. s. Seite 29

DUISBURG
Duisburger Spätschicht
6.6. s. Seite 30

MINDEN
Musikvielfalt an der Weserschleuse
5.5. bis 29.9. s. Seite 33

Konzerte, Shows und Ausstellungen
s. Seiten 6–13

KÖLN
Drachenboot-Festival Köln
14. bis 16.6., Fühlinger See, 50769 Köln, Fr–So 9–16.30 h

Besucher können sich auf das Drachenboot-Spektakel auf dem schönen Fühlinger See freuen.

Eintritt frei
www.drachenboot-koeln.de

MÜNSTER
Sommernachtflohmarkt
14.6., Promenade, 48143 Münster, Fr ab 20 h

Bummeln Sie auf diesem Flohmarkt und finden Sie Ihr Schnäppchen oder Sammelstück. Genießen Sie dabei die einmalige Atmosphäre entlang der Promenade.

0251-66000
www.flohmarkt-muenster.de

ARNSBERG
Mud Masters Arnsberg
15./16.6., Jagdschloss Herdringen, Zum Herdringer Schloss 7, 59757 Arnsberg, Sa/So 8–18 h

Der spektakuläre Hindernislauf bietet mit den verschiedenen Streckenoptionen sowohl Anfängern als auch erfahrenen Läufern ein unvergessliches Erlebnis voller Schlamm, Herausforderung und Teamgeist.

Nicht bekannt
www.mudmasters.de/event/arnsberg-2024

DORTMUND
City-Krimi
15.6., weiterer Termin: 14.9., Nahe Dortmunder U, 44137 Dortmund, Sa 14–19 h

Bei diesem City-Krimi haben Sie die spannende Möglichkeit, in einer Gruppe von 6 bis 12 Personen auf eine Krimitour durch die Dortmunder Innenstadt zu gehen und selbst zu ermitteln. Begegnen Sie dabei bis zu 8 Live-Akteuren, die das Spiel zum Leben bringen.

55 € 02327-9918861
www.city-krimi.de

JÜLICH
30. Kunsthandwerkerinnenmarkt Jülich
15./16.6., Schlossplatz Kölnstraße, 52428 Jülich, Fr/Sa 11–18 h

Der 30. Kunsthandwerkerinnenmarkt bietet an knapp 200 Ständen Unikate von edel bis exzentrisch mit Liebe zum Detail.

Eintritt frei 02461-63419
www.juelich.de/kunsthandwerkerinnenmarkt

Viel Freude beim Mud-Masters-Hindernislauf in Arnsberg

MONHEIM

46. Gänselieselmarkt

15.6., Alte Schulstraße, 40789 Monheim, So 8–18 h

Freuen Sie sich auf einen traditionellen Trödelmarkt mit privaten Anbietern.

Eintritt frei 02173-9510
www.monheim.de/gaenselieselmarkt

MÜNSTER

Feiern im 4tel – Mauritz-West

15.6., Mauritz-West, 48155 Münster
Zeiten je nach Veranstaltung

Menschen, die im Viertel leben und arbeiten laden zu diesem kreativen Fest ein. Finden Sie vielfältige Veranstaltungen im Raum zwischen Bahn, Ring und Wolbecker Straße.

www.4telfest.de

VELBERT

Sommerfest Panoramaradweg

16.6., Wülfrather Straße 25, 42553 Velbert-Tönisheide, So 10–17 h

Ein Aktionstag rund um den Panoramaradweg. Die Städte Velbert, Heiligenhaus, Wülfrath und Haan laden ein.

Eintritt frei 02051-262486
www.stadtmarketing.velbert.de/events

VREDEN

NaturTour

16.6., Kirchplatz 14, 48691 Vreden, So 11–17 h

Auf dem barrierefreien Radrundkurs der Kirchdörfertour präsentieren sich unterschiedliche Vereine und Institutionen zu den Themen Natur und Kultur. Ein Fahrrad-Event für die ganze Familie.

Eintritt frei 02564-9899199
www.stadtmarketing-vreden.de

KÖLN

City-Krimi

16.6., weiterer Termin: 15.9., Nahe Schokoladenmuseum, 50678 Köln, So 14–19 h

Bei diesem City-Krimi haben Sie die spannende Möglichkeit, in einer Gruppe von 6 bis 12 Personen auf eine Krimitour durch die Kölner Innenstadt zu gehen und selbst zu ermitteln. Begegnen Sie dabei bis zu 8 Live-Akteuren, die das Spiel zum Leben bringen.

55 € 02327-9918861
www.city-krimi.de

LEVERKUSEN

stARTfestival

16.6., Leverkusen Erholungshaus, Nobelstraße 37, 51373 Leverkusen, So ab 16 h

Zur Walpurgisnacht steigt ein Familienkonzert mit furiosen Klängen, einem heiteren Mummenschanz der Hexen und Druiden.

ab 5 € 0221-2801
www.kultur.bayer.de/de/startfestival

KÖLN

spoga+gafa 2024

16. bis 18.6., Messeplatz 1, 50679 Köln, So/Mo 9–18 h, Di 9–17 h

Messe für kreative Gartenideen, BBQ und Außengestaltung. Lassen Sie sich inspirieren zu Themen rund um die Terrassen- und Gartensaison.

ab 42 € 0221-8210
www.spogagafa.de

ERINNERUNG

BONN
Flohmarkt an der Rheinaue
15.6. s. Seite 22

BERGISCH-GLADBACH
Führung im Papiermuseum
16.6. s. Seite 23

DIVERSE ORTE
Klavier-Festival Ruhr
26.4. bis 16.7. s. Seite 28

MINDEN
Musikvielfalt an der Weserschleuse
5.5. bis 29.9. s. Seite 33

Konzerte, Shows und Ausstellungen s. Seiten 6–13

XANTEN

Mittsommernacht

21.6., Innenstadt, 46509 Xanten, 18–23 h

Die Mittsommernacht in der Xantener Innenstadt bietet Ihnen Einkaufsmöglichkeiten bis 23 Uhr. Begleitet wird die Veranstaltung von einer musikalischen und gastronomischen Auswahl.

Eintritt frei 0151-11170078

www.igx-xanten.de/veranstaltung/mittsommernacht-2024

MESCHEDE

Chillin' Staudamm Hennesee Meschede

21.6. Chillin' Staudamm Hennesee, Am Hennesee 7, 59872 Meschede, Fr 17–21 h

Suchen Sie die perfekte Kombination aus großartiger Livemusik, guter Stimmung und einer traumhaften Kulisse? Dann sind Sie hier goldrichtig.

Nicht bekannt 05221-8541120

www.termine.de/calendar/Chillin-Staudamm-Hennesee-Meschede

ESSEN

Wawau Adler Trio feat. Tim Klimhuis

21.6., Schloß Borbeck, Schloßstraße 101, 45355 Essen, Fr ab 19 h

Teuflisch lustvoll und göttlich beseelt verzaubert der Gitarrist Wawau Adler sein Publikum mit jazzigem Gypsy-Swing. Geiger Tom Klimhuis und andere unterstützen ihn.

ab 17 €, Kinder (bis 15) Eintritt frei

0201-8844219

COUPON NR. 08

DUISBURG

City-Krimi

22.6., weiterer Termin: 17.8., Nahe Rathaus, 47051 Duisburg, Sa 14–19 h

Bei diesem City-Krimi haben Sie die spannende Möglichkeit, in einer Gruppe von sechs bis zwölf Personen auf eine Krimitour durch die Duisburger Innenstadt zu gehen und selbst zu ermitteln. Begegnen Sie dabei bis zu acht Live-Akteuren, die das Spiel zum Leben bringen.

55 € 02327-9918861

www.city-krimi.de

SOLINGEN

1. Ohligser Bierbörse

21. bis 23.6., Innenstadt, 42697 Solingen-Ohlings, Fr 15–24 h, Sa 13–24 h, So 13–20 h

Auf der Ohligser Bierbörse kommen die Gäste in den Genuss, mehrere hundert bekannte Biersorten zu probieren, gemütlich mit ihren Freunden in den Biergärten zu verweilen oder die neu entdeckten Biere als Flaschenbiere mit nach Hause zu nehmen.

Eintritt frei

www.bierboerse.com

GELSENKIRCHEN

Welttag der Giraffe

22.6., ZOOM Erlebniswelt, Bleckstraße 64, 45889 Gelsenkirchen, Sa 10.30–16 h

Am Welttag der Giraffe werden die sonst verschlossenen Türen zum Giraffenhaus geöffnet. Ergattern Sie spannende Einblicke hinter die Kulissen sowie zahlreiche Informationen zum Thema Giraffe.

21,50, Kinder (4–12) 14 € 0209-95450

www.zoom-erlebniswelt.de

HAGEN

„Vielfalt tut gut"-Festival

22.6., Dr.-Ferdinand-David-Park, 58095 Hagen, 15–23 h

Das Festival bietet ein vielseitiges Bühnenprogramm, Speisen und Getränke und möchte kulturelle Vielfalt fördern. Am Abend wird zum Tanz eingeladen.

Eintritt frei 02331-3492025

www.vielgut.de

KEVELAER

So klingt der Solegarten

22.6., Solegarten St. Jakob, Hüls 17, 47623 Kevelaer, Sa 18–22 h

Musiker der Rockschule Hamminkeln präsentieren Musik aus verschiedenen Genres. Alle

Giraffen in der ZOOM Erlebniswelt in Gelsenkirchen

sind eingeladen, es sich mit Picknickdecken und Proviant gemütlich zu machen.
Eintritt frei 02832-122991
www.kevelaer-marketing.de

NEUSS
Markt mit Musik
22.6., weitere Termine: 27.7., 28.9., Münsterplatz, 41460 Neuss, Sa 11–13 h
An drei Wochenenden im Sommer wird der Neusser Wochenmarkt von Livemusik begleitet.
Eintritt frei 02131-908300
www.neuss-marketing.de

RATINGEN
27. Stadtwerke Mehrkampfmeeting
22./23.6., Stadion Ratingen, Stadionring 5, 40878 Ratingen, Zeiten je nach Veranstaltung
Das große und renommierte Leichtathletik-Mehrkampfevent in NRW mit namhafter internationaler Beteiligung
Nicht bekannt 0611-9449320
www.leichtathletik.de

UNNA
Mittsommernachtsfest
22.6., Kurpark Unna, Luisenstraße, 59425 Unna, Sa 12–24 h
Freuen Sie sich auf die Sonnwendfeier in Unnas Kurpark mit einem riesigem Programm für die ganze Familie. Abends gibt es Livemusik und ein großes Lagerfeuer.
Eintritt frei 02303-9680528
www.unna-marketing.de

HATTINGEN
3. Hoffmann Speedster Classic Day
23.6., LWL-Museum Henrichshütte, Werkstraße 31-33, 45527 Hattingen, So 10–18 h
Eine Oldtimer-Veranstaltung für Fans, Freunde und Fahrer aller Marken auf dem Gelände der Henrichshütte in Hattingen.
ab 10 €
www.Hoffmann-Speedster.com

RHEDA-WIEDENBRÜCK
Weinmarkt
23. bis 25.6., Doktorplatz, 33378 Rheda-Wiedenbrück, Fr 18–24 h, Sa 17–23.30 h, So 11–20 h
Das herrliche Ambiente des Doktorplatzes mit seinen zahlreichen Fachwerkbauten bietet eine wunderbare Kulisse für entspannten Weingenuss mit kulinarischen Köstlichkeiten und viel Musik.
Eintritt frei
www.rheda-erleben.de

ERINNERUNG

DIVERSE ORTE
Klavier-Festival Ruhr
26.4. bis 16.7. s. Seite28

KÖLN
spoga+gafa 2024
16. bis 18.6. s. Seite 55

MINDEN
Musikvielfalt an der Weserschleuse
5.5. bis 29.9. s. Seite 33

Konzerte, Shows und Ausstellungen s. Seiten 6–13

DORTMUND
13. Afro Ruhr Festival
28. bis 30.6., Dietrich-Keuning-Haus, Leopoldstraße 50-58, 44147 Dortmund, Fr 11–5 h, Sa 11–5 h, So 11–20 h

Drei Tage Afrika-Festival mit Workshops, Basar, Clubabenden und jeder Menge Livemusik rund um das Dietrich-Keuning-Haus.

Eintritt frei 0231-7978590

www.afro-ruhr-festival.de

EMSDETTEN
Weinfest
28. bis 30.6., Hof Deitmar, Mühlenstraße 26, 48282 Emsdetten, Zeiten noch nicht bekannt

Bei diesem beliebten Sommer-Event präsentieren Winzerbetriebe ihre Weine und bieten sie zur Verkostung an. Besucher können sich auf ein musikalisches Programm und einen Austausch mit den Winzern freuen.

Eintritt frei 02572-93070

www.vvemsdetten.de

Rasanter Pferdesport beim CHIO in Aachen

AACHEN
CHIO – Weltfest des Pferdesports
28.6 bis 7.7., Hauptstadion, Deutsche Bank Stadion, Albert-Vahle-Halle, 52070 Aachen Zeiten je nach Veranstaltung

Aachen ist jedes Jahr die Anlaufstelle für Pferdesportbegeisterte aus aller Welt. Für die Leute, die nur mal die besondere Atmosphäre schnuppern wollen, gibt es den Soerser Sonntag. An diesem Tag ist der Eintritt auf dem gesamten CHIO-Gelände frei. Über die Woche sind die fünf Disziplinen Springen, Dressur, Vierspänner, Vielseitigkeit und Voltigieren zu bestaunen.

Je nach Veranstaltung 0241-91710

www.chioaachen.de

DETMOLD
Winzerfest
28. bis 30.6., Lippisches Landesmuseum, 32756 Detmold, Zeiten noch nicht bekannt

Auf dem Winzerfest werden verschiedene Weine und Anbaugebiete vorgestellt. Besucher können sich auf ein abwechslungsreiches kulinarisches Angebot freuen.

Nicht bekannt 05231-938522

www.die-haendler-detmold.de

GEVELSBERG
Gevelsberger Kirmes
28.6. bis 2.7., Innenstadt, 58285 Gevelsberg, Fr–Di ab 14 h

Die schrägste Kirmes Europas, denn 650 Meter der einen Kilometer langen Kirmesstrecke haben eine Steigung von 8,5 Prozent. Das ist Europarekord!

Eintritt frei

www.schraegekirmes.de

NEUSS
Klassiknacht im Rosengarten
28.6., Stadtgarten, 41460 Neuss, Fr ab 21 h

Das beliebte Open-Air-Konzert im wunderschönen Rosengarten hinter der Stadthalle! Kommen Sie mit Picknickausrüstung und genießen Sie eine laue Sommernacht mit virtuosen Klängen und abschließendem Feuerwerk.

Eintritt frei

www.neuss-marketing.de

STARLIGHT
EXPRESS
TM © 1984 RUG LTD
Gültig für alle Tage:
50%
RABATT
FÜR KINDER*
*Kinder bis zum 14. Lebensjahr
Tickets & Infos unter:
WWW.STARLIGHT-EXPRESS.DE
RTL
STADTWERKE
BOCHUM
tickets
direkt
Eine Produktion der
MEHR·BB
ENTERTAINMENT
NEU
START
KULTUR

29./30. Juni

NEUSS

Johannismarkt

28.6., Innenstadt Neuss, 41460 Neuss, Fr 8–17 h

Bummeln Sie entlang der circa 200 Marktstände und entdecken Sie alltägliche und skurrile Waren.

Eintritt frei 02131-903205
www.neuss-marketing.de

ENGELSKIRCHEN

Landpartie Engelskirchen

28. bis 30.6., Villa Braunswerth, Engels-Platz 4, 51766 Engelskirchen, Fr 12–18 h, Sa/So 10–18 h

Ein umfassendes Angebot an Pflanzen, Möbeln, Mode, Accessoires, Kunst, Schmuck, kulinarischen Genüssen und Lifestyle erwartet Sie rund um die Villa Braunswerth mit ihrem wunderschönen Park, der zum entspannen und bummeln einlädt.

10 €, Kinder (bis 18) Eintritt frei
02151-594535
www.renomueller.de

COUPON NR. 09

BOCHUM

City-Krimi

29.6., weiterer Termin: 24.8., Nahe Rathaus, 44787 Bochum, Sa 14–19 h

Bei diesem City-Krimi haben Sie die spannende Möglichkeit, in einer Gruppe von sechs bis zwölf Personen auf eine Krimitour durch die Bochumer Innenstadt zu gehen und selbst zu ermitteln. Begegnen Sie dabei bis zu acht Live-Akteuren, die das Spiel zum Leben bringen.

55 € 02327-9918861
www.city-krimi.de

ESSEN

Parkfest

29./30.6., Grugapark, Messeparkplatz 1a, 45131 Essen, Sa/So 7.30 h bis zum Einbruch der Dunkelheit

Beim Parkfest gibt es am Samstag das Musikpicknick mit Foodtrucks und Getränken auf der Wiese. Am Sonntag wartet ein abwechslungsreiches Programm mit Sport und zahlreichen Infoständen auf die Besucher.

Regulärer Parkeintrittspreis 0201-8883111
www.grugapark.de

29./30.6.
Tag der Architektur
Der bundesweite Tag der Architektur steht 2024 unter dem Motto „Einfach (um) bauen". Nähere Informationen auf **www.tag-der-architektur.de**.

GÜTERSLOH

24. Isselhorster Nacht

29.6., Isselhorst, 33334 Gütersloh, Sa ab 17.30 h

Bei der Isselhorster Nacht können sich in sieben Wettkämpfen die besten und ausdauerndsten Läufer messen. Die Laufstrecke wird bei Anbruch der Dämmerung stimmungsvoll mit Fackeln und Feuer beleuchtet.

Nicht bekannt 0176-41224248
www.isselhorster-nacht.de

HALTERN AM SEE

Sunset-Beach-Festival

29.6., Seebad, Hullerner Straße 52, 45721 Haltern am See, Sa 17–1 h

Eine malerische Naturlandschaft, Strand so weit das Auge reicht, die Sterne über Ihnen und DJs, die mit ihrem Sound den Zeitgeist beschwören und Sie in einen magischen Sonnenuntergang tanzen lassen. Das Sunset Beach Festival findet am schönen Stausee in Haltern am See statt!

ab 35 €
www.sunset-beach-festival.de

RHEDA-WIEDENBRÜCK

Internationales Kulturfest

29./30.6., Rathausplatz Rheda, 3378 Rheda-Wiedenbrück, ganztägig

Bereits zum 40. Mal wird der Rathausplatz Rheda zum Begegnungsort verschiedener Kulturen. Es

Graffiti-Aktion beim Essener Parkfest

gibt ein vielseitiges Bühnenprogramm und für das leibliche Wohl ist auch gesorgt.
Eintritt frei 05242-93010
www.rheda-wiedenbrueck.de/veranstaltungen

WUPPERTAL
Der Lange Tisch 2024
29.6., Wuppertal-Barmen, 43382 Wuppertal, Zeiten noch nicht bekannt
Ein traditionsreiches Fest anlässlich des 95. Geburtstags der Stadt Wuppertal. Die drei Kilometer lange Festmeile begeistert mit vielseitigem Programm.
Eintritt frei 0202-5636500
www.wuppertal.de/langer-tisch

STEINFURT
Bagno Sound Garden
30.6., Steinfurter Bagno, Hollich 156, 48565 Steinfurt, So 15–18 h
Zwischen Schloss und Konzertgalerie wird das Bagno zur 1,4 kilometerlangen Konzertmeile. Besucher können sich auf ein abwechslungsreiches musikalisches Angebot freuen.
Eintritt frei 02551-9250
www.bagno-soundgarden.de

ERINNERUNG

DIVERSE ORTE
Klavier-Festival Ruhr
26.4. bis 16.7. s. Seite28

MINDEN
Musikvielfalt an der Weserschleuse
5.5. bis 29.9. s. Seite 33

Konzerte, Shows und Ausstellungen s. Seiten 6–13

6./7. Juli

BOCHUM
Bochum Total
4. bis 7.7., Bermuda3eck, Kortumstraße 2, 44787 Bochum, Zeiten noch nicht bekannt
Das größte innerstädtische Open-Air-Festival Europas setzt vor allem auf progressive und originelle Musik. Vier Tage lang stehen nicht nur nationale und internationale Künstler auf dem Programm, es werden auch stets Nachwuchstalente gefördert.
Eintritt frei
www.bochumtotal.de

SOEST
Soester Winzermarkt
4 bis 7.7., Theodor-Heuss-Platz/Altstadt, 59494 Soest, Do–So 16–23 h
Vor der historischen Kulisse der Soester Altstadt lädt der Soester Winzermarkt wieder zum entspannten Probieren, Informieren und Genießen ein.
Eintritt frei 02921-1036202
www.so-ist-soest.de

DUISBURG
Beecker Kirmes
5. bis 9.7., Festgeländer der Beecker Kirmes, Beecker Marktplatz, 47139 Duisburg, Zeiten noch nicht bekannt
Großes Kirmesereignis mit einem vielseitigen Bühnenprogramm, Kirmes-Gastronomie und einem abwechslungsreichen Angebot an Fahrgeschäften.
Eintritt frei
www.duisburgkontor.de/events

GELDERN
Geldern Karibisch 2024
5. bis 7.7., Marktplatz, 47608 Geldern, Zeiten noch nicht bekannt
Freuen Sie sich auf ein karibisches Wochenende in Geldern und entspannen Sie bei exotischen Drinks und kulinarischen Leckereien. Gegen einen Aufpreis können Sie sich zum traditionellen Rumtasting zur Eröffnung anmelden.
Eintritt frei 0231-15050280
www.geldern-karibisch.de

Bunte Kirmes auf dem Beecker Marktplatz in Duisburg

5. bis 7.7., Straelen

Stadtfest „Stroelse Soomer"

TOP EVENT

So heißt das Fest, das sowohl Straelener als auch Besucher jedes Jahr für ein Wochenende im Sommer begeistert. Aus Nah und Fern kommen die Gäste in die Blumenstadt, um die musikalischen Highlights zu erleben. Das Programm wird aber nicht nur für die Erwachsenen gemacht. Auch den kleinen Gästen wird hier einiges geboten. Ein umfangreiches Unterhaltungsprogramm rundet das Wochenende ab.

Straelener Marktplatz und Innenstadt, 47638 Straelen
Fr 18–24 h, Sa 13–24, So 11–22 h

Eintritt frei, 02834-702992
www.straelen.de

GREVENBROICH
Weinfest

5. bis 7.7., Marktplatz, 41516 Grevenbroich, Fr 16–23 h, Sa 11–23 h, So 12–20 h

Genießen Sie ein ganzes Wochenende, das im Zeichen des Weines steht.

Nicht bekannt 02137-928488
www.wein-on-tour.de

RHEDA-WIEDENBRÜCK
Weinfestival

5./6.7., Reckenberg Wiedenbrück, Wasserstraße 14, 33378 Rheda-Wiedenbrück ganztägig

Genießen Sie feinste regionale und internationale Weine und Brände und stillen Sie Ihren großen oder kleinen Hunger bei atmosphärischer Livemusik.

Eintritt frei
www.rheda-wiedenbrueck.de/veranstaltungen

MINDEN
Gourmetmeile 2024

5. bis 7.7., Simeonsplatz, 32423 Minden, Zeiten noch nicht bekannt

Mit zahlreichen Ständen heimischer Gastronomiebetriebe wird der Simeonsplatz zur einladenden Gourmetmeile. Begleitet wird das Fest von einem musikalischen Bühnenprogramm.

Eintritt frei 0571-8290659
www.minden-erleben.de

MONHEIM
Altstadt Sommerfest

5. bis 7.7., Turmstraße, Alter Markt, 40789 Monheim, Fr–So 15–24 h

Dreitägiges Fest mit Livemusik, Bühnenprogramm und umfangreichem gastronomischen Angebot.

Eintritt frei 02173-9510
www.monheim.de

BEDBURG
Ricarda-Markt

6./7.7., Hauptstraße, Alt-Kaster – 50181 Bedburg, Sa/So 11–18 h

Der Ricarda-Markt in Alt-Kaster lädt dazu ein, Kunsthandwerk und Kulinarisches zu entdecken. Hier können Besucher stöbern, schmecken und riechen, bei den Straßenwirtschaften verweilen und die vielfältige Atmosphäre genießen.

Eintritt frei 01573-9478536
www.alt-kaster.de

Das Werksschwimmbad auf Zeche Zollverein in Essen

BONN

Tag der kleinen Bad Godesberger

6.7., Bad Godesberger Innenstadt, 53177 Bonn, Sa 10–17 h

Der Tag der kleinen Bad Godesberger verwandelt die Bad Godesberger Innenstadt an diesem Tag in ein Spielparadies für Kinder. Kinder bis zum zwölften Lebensjahr sind eingeladen, an einer Rallye mit buntem und spielerischem Programm teilzunehmen.

Eintritt frei

www.bad-godesberg.info/veranstaltungen

ESSEN

Werksschwimmbad und Arschbomben-Contest

6.7. bis 25.8., Werksschwimmbad, UNESCO-Welterbe Zollverein, Gelsenkirchener Str. 181, 45309 Essen, täglich 12–20 h

Lassen Sie an einem strahlend blauen Pool mitten in der ehemaligen Kokerei die Seele in einem Kunstwerk baumeln. Beim Arschbomben-Contest am 17.8. geht's um den perfekten Sprung ins kühle Nass.

Eintritt frei 0201-246810

www.zollverein.de/pool

COESFELD

Krammarkt

6.7., weitere Termine: 3.8., 14.9., 16.11., Marktplatz, 48653 Coesfeld, Sa 9–14 h

Besucher des Krammarkts können sich auf ein breites Angebot an Waren freuen. Vom täglichen Haushaltsbedarf über Textilien bis Schmuck ist vieles dabei.

Eintritt frei 02541-9390

www.serviceportal.coesfeld.de

OBERHAUSEN

Ruhr-In-Love Festival

6.7., OLGA Park, 46117 Oberhausen, Sa 12–22 h

Der Olga Park wird zum Schauplatz von einer großen Techno-Party. Auf insgesamt 35 Floors heizen über 350 DJs den Musik-Fans ein.

39 € 0261-9215840

www.ruhr-in-love.de

MÜNSTER

City-Krimi

6.7., weiterer Termin: 21.9., Nahe Aegidiimarkt, 48143 Münster, Sa 14–19 h

Bei diesem City-Krimi haben Sie die spannende Möglichkeit, in einer Gruppe von sechs bis zwölf Personen auf eine Krimitour durch die Innenstadt

von Münster zu gehen und selbst zu ermitteln. Begegnen Sie dabei bis zu acht Live-Akteuren, die das Spiel zum Leben bringen.
55 € 02327-9918861
www.city-krimi.de

NEUSS
Sommernacht A-Cappella
6.7., Quirinusmünster, Münsterplatz 23, 41460 Neuss, Sa ab 21.30 h
Genießen Sie Motetten von Bach und klangsinnliche Abendlieder, aufgeführt vom Kammerchor Capella Quirina Neuss.
Nicht bekannt
www.muenstermusikneuss.de

WINTERBERG
Bobbahn-Run 2024
6.7. Sportzentrum Winterberg Hochsauerland GmbH, Buchenweg 52, 59955 Winterberg, Zeiten noch nicht bekannt
Nach einem Lauf durch die Wälder des Erlebnisbergs Kappe erklimmen die Läufer die Bobbahn. Wenn Ihnen der Run zu anstrengend sein sollte, können Sie sich bei den zahlreichen Zuschauern einreihen. Es wird erlebnisreich.
Nicht bekannt 0291-941559
www.veltins-eisarena.de/veranstaltungen/events/meldungen/bobbahn-run-2024

ESSEN
Kakteen- und Sukkulentenmarkt
7.7., Grugapark, Messeparkplatz 1a, 45131 Essen
So 7.30 h bis zum Einbruch der Dunkelheit
Aussteller präsentieren eine breite Vielfalt an Kakteen und Sukkulenten. Neben den Pflanzen können Besucher auch das passende Zubehör wie zum Beispiel Kakteenerde oder geeignete Töpfe erwerben
Regulärer Parkeintrittspreis 0201-8883111
www.grugapark.de

6./7. Juli

Bunte Stoffe aus aller Welt

MOERS
Niederrheinischer Radwandertag
7.7., Moers-Neumarkt, 47441 Moers, So 10–17 h
Ein Radevent am Niederrhein mit Tombola und Rahmenprogramm. Es gibt drei tolle Radrouten ab Moers.
Nicht bekannt
www.niederrhein-tourismus.de/radwandertag

RHEDA-WIEDENBRÜCK
Deutsch-Holländischer Stoffmarkt
7.7., Widumstraße,
33378 Rheda-Wiedenbrück,So 11–17 h
Vom T-Shirt bis zu Wohntextilien, hier findet man reichlich verschiedene Stoffe, Anregungen und Ideen rund um das Thema „Selbernähen“.
Eintritt frei
www.stoffmarkt-expo.de

REMSCHEID
Trödelmarkt
7.7., Parkplatz Möbelhaus Knappstein, Neuenkamper Straße 71, 42855 Remscheid, So 11–17 h
Auf dem großen Markt werden Trödel und Neuware angeboten. Vielseitige und leckere Imbissangebote warten auch auf die Besucher.
Eintritt frei 02261-29621
www.team3-maerkte.de

ERINNERUNG

AACHEN
CHIO – Weltfest des Pferdesports
28.6. bis 7.7. s. Seite 58

DIVERSE ORTE
Klavier-Festival Ruhr
26.4. bis 16.7. s. Seite 28

DÜSSELDORF
Düsseldorfer Fischmarkt
7.7. s. Seite 19

DUISBURG
Jazz auf‘m Plazz
4.7. s. Seite 29
Duisburger Spätschicht
4.7. s. Seite 30

GEVELSBERG
Gevelsberger Kirmes
28.6. bis 2.7. s. Seite 58

MINDEN
Musikvielfalt an der Weserschleuse
5.5. bis 29.9. s. Seite 33

Konzerte, Shows und Ausstellungen s. Seiten 6–13

DINSLAKEN
Fantastival 2024
10. bis 20.7., Althoffstraße 4, 46535 Dinslaken, Zeiten je nach Konzert

Das Fantastival ist ein mehrtägiges Festival, das jährlich im Open-Air-Burgtheater und Burginnenhof mitten in Dinslakens wunderschöner Altstadt stattfindet.

Je nach Konzert

www.fantastival.de

JÜLICH
WeinSommer
11. bis 14.7., Schlossplatz, 52428 Jülich, Zeiten noch nicht bekannt

Der Jülicher Schlossplatz verwandelt sich in eine Weinoase mit stimmungsvollem Ambiente. Zahlreiche Winzer stellen ihre Weine vor und laden Weinliebhaber und Genießer zum Verkosten ein.

Eintritt frei

www.weinsommer.de

MOERS
Street Food & Beach Festival
11. bis 14.7., Kastellplatz, 47441 Moers, Zeiten noch nicht bekannt

Genießen Sie ein karibisches Urlaubsflair und entspannen Sie mit feinem Sandstrand, vielseitigem Street Food und atmosphärischer Livemusik.

Eintritt frei 0231-22819460

www.street-food-beach.de

HEILIGENHAUS
11. Heiligenhauser Weinfest
11. bis 13.7., Basildonplatz, 42579 Heiligenhaus, Do 18–23 h, Fr 17–23 h, Sa 16–23 h

Sieben Winzer aus verschiedenen Anbaugebieten präsentieren ihre Weine. Genießen Sie dabei die kulinarischen Leckereien und das vielfältige Rahmenprogramm.

Eintritt frei 02056-130

www.heiligenhaus.de

DÜSSELDORF
31. Benrather Bierbörse
12. bis 14.7., Hauptstraße, Heubesstraße und Fußgängerzone, 40597 Düsseldorf-Benrath, Fr/Sa 15-23 h, So 11-20 h

In der schönen Benrather Fußgängerzone findet die 31. Auflage der Benrather Bierbörse statt. Mit rund 50 Ausschank- und Speisegeschäften werden den Gästen einheimische und außergewöhnliche Köstlichkeiten präsentiert. Jeder Besucher kann so vor Ort aus mehreren hundert verschiedenen Biersorten sein Lieblingsbier genießen.

Eintritt frei

www.bierboerse.com

DÜSSELDORF
Rheinkirmes
12. bis 21.7., Oberkasseler Rheinwiesen, 40545 Düsseldorf, Mo–Fr ab 14 h, Sa ab 13 h, So ab 11 h

Die „Größte Kirmes am Rhein" ist ein Rummelvergnügen für die ganze Familie. Mit den spektakulären Attraktionen und stimmungsvollen Festzelten lockt die Kirmes alljährlich Millionen Besucher nach Düsseldorf.

Eintritt frei 0201-8883111

www.rheinkirmes-duesseldorf.de

KEVELAER
30. Heißluftballon-Festival
12./13.7., Solegarten St. Jakob, Hüls 17, 47623 Kevelaer, Zeiten noch nicht bekannt

Freuen Sie sich auf zahlreiche Ballonfahrten und Präsentationen rund um das Ballonfahren, Ballonmodelle sowie einen nostalgischen Jahrmarkt mit tollen Kinderattraktionen.

Eintritt frei 02832-122991

www.kevelaer-marketing.de

Das Heißluftballon-Festival in Kevelaer

MÖNCHENGLADBACH

Gourmet Festival Mönchengladbach

12. bis 14.7., Hindenburgstraße, Sonnenhausplatz, Hans-Jonas-Park, 41061 Mönchengladbach, Fr 13–22 h, Sa 11–22 h, So 11–19 h

Ein kulinarisches Fest mit großer gastronomischer Auswahl.

Eintritt frei 02132-5102240
www.gourmetfestivals.de

Anstoßen beim Gourmet Festival in Mönchengladbach

MÜLHEIM AN DER RUHR

Mölmsche Kirmes

12. bis 15.7., Rund um die Stadthalle, Theodor-Heuss-Platz 1, 45479 Mülheim, Fr/Sa/Mo ab 13 h, So ab 12 h

Besucher können sich auf rasante Fahrgeschäfte, Zuckerwatte und mitreißendes Kirmes-Ambiente freuen. Im Biergarten können Sie eine entspannte Pause einlegen.

Eintritt frei 0208-960960
www.mein-muelheim.de

DÜSSELDORF

City-Krimi

13.7., weiterer Termin: 7.9., Nahe Hauptbahnhof, 40210 Düsseldorf, Sa 14–19 h

Bei diesem City-Krimi haben Sie die spannende Möglichkeit, in einer Gruppe von sechs bis zwölf Personen auf eine Krimitour durch die Düsseldorfer Innenstadt zu gehen und selbst zu ermitteln. Begegnen Sie dabei bis zu acht Live-Akteuren, die das Spiel zum Leben bringen.

55 € 02327-9918861
www.city-krimi.de

ERKELENZ

Mittelaltermarkt

13./14.7., Burg Erkelenz, 41812 Erkelenz, Sa 11–22 h, So 11–18 h

Besucher können sich auf Feuer, Pferde, Gaukler und Ritter freuen, wenn an diesem Wochenende die Erkelenzer Burg und der Ziegelweiherpark ganz im Zeichen des Mittelalters stehen.

Eintritt frei

KLEVE

Klever Kirmes

13. bis 21.7., Wiesenstraße, 47533 Kleve, Zeiten noch nicht bekannt

Freuen Sie sich auf ein Kirmeserlebnis im Herzen von Kleve. Lassen Sie sich von den beliebten Fahrgeschäften mitreißen oder genießen Sie das kulinarische Angebot.

Eintritt frei 02821-84806
www.kleve.de

ERINNERUNG

DIVERSE ORTE
Klavier-Festival Ruhr
26.4. bis 16.7. s. Seite 28

DUISBURG
Beecker Kirmes
5. bis 9.7. s. Seite 62

ESSEN
Werksschwimmbad
6.7. bis 25.8. s. Seite 64

MINDEN
Musikvielfalt an der Weserschleuse
5.5. bis 29.9. s. Seite 33

MÖNCHENGLADBACH
Trödelmarkt Eicken
14.7. s. Seite 19

Konzerte, Shows und Ausstellungen s. Seiten 6–13

Das Stadtfest rockt die Duisburger City.

ESSEN

Gourmet-Meile Essen verwöhnt

17. bis 21.7., Innenstadt, 45127 Essen, Mi/Do 12–22 h, Fr/Sa 12–23 h, So 12–20 h

Die ESSEN GENIESSEN Gastronomen verwandeln die Essener Innenstadt fünf Tage lang in ein Schlemmerparadies mit klassischen und modernen Kreationen.

Eintritt frei

www.essen-geniessen.de

DUISBURG

Duisburger Stadtfest

18. bis 21.7., Königstraße/Kuhstraße, 47051 Duisburg, Do–So ab 14 h

Die Königstraße und Umgebung werden zur Partymeile. Auf zwei Bühnen gibt es etliche Liveacts sowie ein vielfältiges Gastronomieangebot.

Eintritt frei

www.duisburgkontor.de/events/stadtfest

MÜNSTER

Sommersend

18. bis 22.7., Schlossplatz, 48143 Münster, Zeiten noch nicht bekannt

Bis zu 200 Schaustellerbetriebe finden sich auf dem Schlossplatz nahe der Innenstadt ein. Es erwarten Sie High-Tech-Hochfahrgeschäfte für Abenteuerlustige, klassische Fahrgeschäfte wie Riesenrad, Autoscooter und Karussells, Belustigungsgeschäfte und Geisterbahnen, nostalgische oder auch supermoderne Schaugeschäfte und viele gastronomische Betriebe.

Eintritt frei

BERGKAMEN

Weingenuss am Wasser

19. bis 21.7., Westfälisches Sportbootzentrum – Marina Rünthe, Hafenweg, 59192 Bergkamen, Fr 17–23 h, Sa 15–23 h, So 12–18 h

Dieses Weinfest lockt die Besucher mit besonderer Atmosphäre am Wasser.

Nicht bekannt

DETMOLD

Bruchmarkt

19. bis 22.7., Innenstadt, 32756 Detmold, Zeiten noch nicht bekannt

Direkt in der Detmolder Innenstadt findet der Bruchmarkt statt. Die Sommerkirmes lockt mit attraktiven Fahrgeschäften und einem vielfältigen gastronomischen Angebot.

Nicht bekannt 05231-9770

www.detmold.de

DORTMUND

E-Bike-Festival

19. bis 21.7., Alter Markt, Ostenhellweg, 44137 Dortmund, Fr 14–19 h, Sa 10–19 h, So 10–17 h

Auf diesem Festival erwarten Sie Vorstellungen der neuesten Highlights und Trends rund um das E-Bike. Erfahren Sie dort alles, was es zum Thema E-Bike zu wissen gibt.

Eintritt frei 0151-55010145

www.ebike-festival.de

GLADBECK

Open-Air-Kino

19.7., Jovyplatz, 45964 Gladbeck, Zeiten noch nicht bekannt

Auf dem Gladbecker Jovyplatz kann beim Open-

Beim
Namen

Air-Kino unter freiem Himmel ein spannender Film genossen werden. Ein kulinarisches Angebot wird vor Ort angeboten. Eigene Getränke, Snacks und Picknickdecken können mitgebracht werden.
Eintritt frei 02043-992477
www.gladbeck.de

MINDEN
Weserlieder Open-Air
19./20.7., Weserpromenade am KSG-Bootshaus, 32423 Minden, Zeiten noch nicht bekannt
Bereits zum 20. Mal findet das Weserlieder Open-Air statt. Freuen Sie sich auf ein unterhaltsames musikalisches Programm.
Nicht bekannt 0160-8264548
www.weserlieder.de

GELDERN
Ritterspektakel auf Schloss Walbeck
20./21.7., Schloss Walbeck, 47608 Geldern, Sa 12–22 h, So 11–19 h
Tauchen Sie ein in das Ritterspektakel und bestaunen Sie die große Feldschlacht der Heerlager. Nicht weniger aufregend ist der Markt, auf dem eine breite Auswahl an mittelalterlicher Ware angeboten wird. Auch für Kinder gibt es viele Aktionen.
9 €, Kinder (bis 14) 4 € 02831-1327743
www.schloss-walbeck.de

MÖNCHENGLADBACH
Töpfermarkt Schloss Rheydt
20./21.7., Schloss Rheydt, Schloßstraße 508, 41238 Mönchengladbach, Sa/So 11–18 h
Keramiker, Töpfer, Künstler und Kunsthandwerker zeigen ihre Erzeugnisse aus Ton. Gefäße und Plastiken für die Wohnung oder den Garten werden zum Verkauf angeboten.
Eintritt frei
www.schlossrheydt.de/toepfermarkt

NEUSS
Nüsser Genüsse
20./21.7., Innenstadt, 41460 Neuss, Sa 11–22 h, So 11–18 h
Unterschiedliche Gastronomen aus der Region verwandeln den Freithof in eine Schlemmermeile. Die vielseitigen Speisen werden durch ein Angebot von Top-Weinen und Cocktails ergänzt. Traditionelle kubanische Zigarren und edle Brände runden das Angebot ab.
Eintritt frei
www.neuss-marketing.de

KLEVE
34. Klevischer Klaviersommer
21.7., weitere Termine: 28.7., 4.8., 11.8., Konzertmuschel im Forstgarten, 47533 Kleve, Zeiten je nach Konzert
Genießen Sie interessante Open-Air-Konzerte bei der besonderen Atmosphäre im Forstgarten Kleve.
Eintritt frei 02821-980249
www.klevischer-verein.de

MINDEN
Hahler Kranzreiten 2024
21.7., Moorarena, Drögenstraße 51, 32427 Minden, So ab 13.30 h
Besucher können sich auf ein Spektakel freuen, bei dem die Reiter von einem galoppierenden Pferd aus händisch einen Kranz aus seiner Aufhängung befreien müssen.
Nicht bekannt 0571-62254
www.kranzreiter.de

NEUSS
Künstlermeile
21.7., Innenstadt Neuss, 41460 Neuss, So 11–18 h
Parallel zu den Nüsser Genüssen findet sonntags auf dem Neusser Markt die Künstlermeile statt. Bestaunen Sie ein attraktives Angebot von Kunst, Schmuck und Textil.
Eintritt frei 02131-4037795
www.neuss-marketing.de

SOEST
Sattel-Fest
21.7., Soester Börde, 59494 Soest, So 9–18 h
Eine Route von 40 km zwischen Soest und Hamm wird für den Autoverkehr gesperrt und steht Fahrradfahrern zur Verfügung, um die Natur zu genießen. Jede fünf km gibt es Raststationen.
Eintritt frei 02921-1036101
www.sattel-fest.de

ERINNERUNG

BONN
Flohmarkt an der Rheinaue
20.7. s. Seite 22

BERGISCH-GLADBACH
Führung im Papiermuseum
21.7. s. Seite 23

DINSLAKEN
Fantastival 2024
10. bis 20.7. s. Seite 68

DÜSSELDORF
Rheinkirmes
12. bis 21.7. s. Seite 68

ESSEN
Werksschwimmbad
6.7. bis 25.8. s. Seite 64

KLEVE
Klever Kirmes
13. bis 21.7. s. Seite 69

MINDEN
Musikvielfalt an der Weserschleuse
5.5. bis 29.9. s. Seite 33

MOERS
Trödel in der City
21.7. s. Seite 44

Konzerte, Shows
und Ausstellungen s. Seiten 6–13

Die schwimmende Bühne beim EmsFestival in Rheine

BOCHUM

Hopfenfest Bochum

25. bis 27.7., Am Bergbaumuseum 28, 44791 Bochum, Do/Fr 17–23 h, Sa 14–23 h

Direkt vor dem Bergbau-Museum Bochum bieten eine Vielzahl von Brauereien und Street Food-Ständen ihre Delikatessen an.

Nicht bekannt 0234-52007299

www.hopfenseidank.de/events/hopfenfest-bochum

DORTMUND

WeinSommer

25. bis 28.7., Friedensplatz, 44135 Dortmund, Zeiten noch nicht bekannt

Der Friedensplatz wird zu einer Weinoase und bietet vier Tage lang ein stimmungsvolles Ambiente, nette Gesellschaft und exzellente Weine. Zahlreiche Winzer stellen ihre bis zum Sommer perfekt trinkreifen Weine vor.

Eintritt frei

www.weinsommer.de

MÜLHEIM AN DER RUHR

Kulinarischer Treff

25. bis 28.7., Ruhranlagen an der Schleusenisel, 45468 Mülheim a. d. Ruhr, Do 16–22 h, Fr 16–23 h, Sa 12–23 h, So 12–20 h

Spitzengastronomen aus Mülheim und Umgebung servieren in den grünen Ruhranlagen nationale und internationale Küche. Begleitet wird die Veranstaltung von Livemusik.

Eintritt frei 0208-960960

www.mein-muelheim.de

RHEINE

EmsFestival

25. bis 28.7., Rheiner Innenstadt, 48431 Rheine, Zeiten noch nicht bekannt

Ein Festival am Ufer der Ems inmitten der Innenstadt. Grandiose Künstler, viel Spaß, alles umsonst und draußen.

Eintritt frei 05971-800650

www.rheine-tourismus.de

BIELEFELD

Sparrenburgfest

26. bis 28.7., Sparrenburg, Am Sparrenberg 40, 33602 Bielefeld, Zeiten noch nicht bekannt

Das lebendige Mittelalterfest rund um Bielefelds Wahrzeichen nimmt seine Besucher mit auf eine Zeitreise. Tauchen Sie ein in die Welt von Handwerk und Handel, erleben Sie Spielmannskunst und Gaukelei und begegnen Sie Rittern und Edeldamen.

Nicht bekannt 0521-516999

www.bielefeld.jetzt/sparrenburgfest

BONN

27. Bonner Bierbörse

26. bis 28.7., Freizeitpark Rheinaue, Ludwig-Erhard-Allee, 53175 Bonn, Fr/Sa 15–24 h, So 13–20 h

Die Bonner Rheinaue verwandelt sich in Bonns größten Biergarten. Etwa 50 Bierverleger finden sich aus dem gesamten Bundesgebiet zusammen und bieten eine breite Palette aus mehreren hundert nationalen und internationalen Biersorten an.

Eintritt frei

www.bierboerse.com

DÜSSELDORF

Düsseldorfer Frankreichfest

26. bis 28.7., Burgplatz, Rathausufer, 40213 Düsseldorf, Fr 13–22 h, Sa 11–22 h, So 11–19 h

Unter dem Motto „Vive l'amitié franco-allemande!" wird im Sommer 2024 die französische Küche, Kunst, Kultur und Lebensfreude gefeiert. Genießen, Schlemmen und Shoppen – direkt am Rheinufer.

Eintritt frei 02132-5102240

www.gourmetfestivals.de

Ritter hautnah erleben beim Sparrenburgfest in Bielefeld

KÖLN

Gourmet Festival Köln

26. bis 28.7., Am Schokoladenmuseum 1, 50678 Köln, Fr 13–22 h, Sa 11–22 h, So 11–19 h

Das Gourmet Festival Köln lädt unter dem Motto „Genießen mit Freunden" zum Schlemmen und Entdecken rund um das Schokoladenmuseum ein. Speisen aus aller Welt und ausgezeichnete Winzer erwarten Sie.

Eintritt frei 02132-5102240

www.gourmetfestivals.de

LEVERKUSEN

Opladener Stadtfest 2024

26. bis 29.7., Marktplatz, 51379 Leverkusen-Opladen, Zeiten noch nicht bekannt

Ein Stadtfest mit Kirmes für die ganze Familie. Viele Fahrgeschäfte, Spiel- und Spaßbuden und vielfältige gastronomische Angebote erwarten die Besucher.

Eintritt frei 02171-28623

www.ago-info.de

KLEVE

Kirmes in Materborn

27. bis 30.7., Dorfstraße, 47533 Kleve-Materborn, Sa–Di 15–22 h

Besucher können sich auf die Traditions-Kirmes im Klever Stadtteil Materborn freuen. Der Dienstag ist Familientag.

Eintritt frei 02821-84806

www.kleve.de

MÖNCHENGLADBACH

47. Fest am See

27./28.7., Schloss Wickrath Park, 41189 Mönchengladbach, Sa 14–23 h, So 11–18 h

Das große Familienfest am See des Wickrather Schloss mit buntem Kinder- und Bühnenprogramm. Auf dem Heimatliebe-Markt präsentieren sich lokale Produzenten.

Eintritt frei

www.festamsee.de

PADERBORN

Libori Volksfest

27.7. bis 4.8., Innenstadt, 33098 Paderborn, Zeiten noch nicht bekannt

Ein großes Volksfest mit langer Tradition. Es bietet eine einzigartige Mischung aus kirchlichen Feierlichkeiten und weltlichem Fest.

Eintritt frei 05251-880

www.paderborn.de

RUHRGEBIET

Megamarsch Ruhrgebiet bei Nacht

27./28.7., Start und Ziel: Stadion an der an der Hafenstraße, Hafenstraße 97a, 45356 Essen, Sa ab 18 h

Die Herausforderung beim Megamarsch besteht darin, 50 km in 12 Stunden zu wandern. Der Megamarsch Ruhrgebiet bei Nacht ist eine ganz besondere Challenge mit Zieleinlauf am frühen Morgen.

ab 49,95 € 02161-8307926

www.megamarsch.de/ruhrgebiet-bei-nacht

GANGELT

Kinderfest Selfkantbahn

28.7., Bahnhof Schierwaldenrath, 52538 Gangelt, ganztägig

Neben der Dampfeisenbahn gibt es beim Kinderfest jede Menge Extras für die kleinen und großen Kinder. Attraktionen wie die Draisinen-Fahrten, verschiedene Spiel- und Kreativstände und eine Hüpfburg sorgen für einen unterhaltsamen und spannenden Kindertag.

Nicht bekannt

www.selfkantbahn.de

ERINNERUNG

ESSEN

Werksschwimmbad

6.7. bis 25.8. s. Seite 64

KLEVE

Klevischer Klaviersommer

28.7. s. Seite 74

MINDEN

Musikvielfalt an der Weserschleuse

5.5. bis 29.9. s. Seite 33

Konzerte, Shows und Ausstellungen s. Seiten 6–13

Das Gourmet Festival in Köln

KEVELAER

Atempause

29.7. bis 16.8., Solegarten St. Jakob, Hüls 17, 47623 Kevelaer, Zeiten noch nicht bekannt

Besucher können sich freuen auf vielseitige Schnupperangebote rund um Fitness, Entspannung und Entschleunigung im Solegarten St. Jakob. Das Angebot entsteht in Zusammenarbeit mit zahlreichen lokalen Partnern.

Eintritt frei 02832-122991
www.kevelaer-marketing.de

RECKLINGHAUSEN

Zu Gast in Recklinghausen

31.7. bis 4.8., Rathausplatz, 45657 Recklinghausen, Mi–Sa ab 16 h, So ab 12 h

Acht renommierte Gastronomen tischen auf. Von traditioneller deutscher und italienischer Küche über Tapas bis Sushi ist für jeden Gaumen etwas dabei. Sonntag ist Familientag!

Eintritt frei 02361-901122
www.zu-gast-in-re.de

DUISBURG

Duisburger Weinfest

1. bis 4.8., König- und Kuhstraße, 47051 Duisburg, Do–So 11–22 h

Das größte Weinfest im Ruhrgebiet und Umgebung mit zuletzt 100.000 Besuchern. Rund 40 Winzer bieten hunderte verschiedene Weine und Weinseminare an.

Eintritt frei
www.duisburgkontor.de/events/weinfest

HERNE

Cranger Kirmes

1. bis 11.8., Cranger Kirmesplatz, Dorstener Straße/Heerstraße, 44653 Herne, Mo–Do 13–24 h, Fr–Sa 13–2 h, So 11–24 h

Das zweitgrößte Volksfest in Deutschland mit Jahr für Jahr rund vier Millionen Besuchern. Eine weitere Besonderheit sind die urgemütlichen Biergärten in den Hinterhöfen rund um den Kirmesplatz.

Eintritt frei 02323-9190514
www.cranger-kirmes.de

LIPPSTADT

Lippstädter Weinfest

2. bis 4.8., Kurpark Bad Waldliesborn, 59556 Lippstadt, Fr 18–24 h, Sa 16–24 h, So 12–20 h

Ein kulinarisches Fest mit ausgewählten Winzern und einem vielseitigen Unterhaltungsprogramm erwartet die Besucher im gepflegten Kurpark.

Eintritt frei 02941-948800
www.lippstadt.de

RATINGEN

Historisches Schützenfest

2.8. bis 6.8., Ratingen Mitte, 40878 Ratingen, Zeiten noch nicht bekannt

Ein großes Schützenfest und Kirmes für die ganze Familie.

Eintritt frei 02102-28320
www.bruderschaft.de

STEINFURT

Italienischer Abend

2.8., Innenstadt, 48565 Steinfurt, Fr ab 18 h

Auf dem historischen Marktplatz wird die Innenstadt in den Farben von Bella Italia eingetaucht. Ein DJ sorgt für musikalische Untermalung.

Eintritt frei 02551-186900
www.steinfurt-touristik.de

WESEL

PPP-Tage

2. bis 4.8., Rheinpromenade, 46483 Wesel, Fr–So ab 11 h

Freuen Sie sich auf ein großes Stadtfest mit Kirmes, Trödelmarkt und einem bunten Programm für die ganze Familie.

Eintritt frei 0281-2032622
www.wesel-tourismus.de

KLEVE

Kirmes in Düffelward

3. bis 5.8., Dorfplatz Düffelward, 47533 Kleve, Sa–Mo 18–22 h

Besucher können sich auf eine Kirmes auf dem Dorfplatz Düffelward freuen. Lassen Sie sich von Fahrgeschäften mitreißen und genießen Sie das kulinarische Angebot.

Eintritt frei 02821-84806
www.kleve.de

MÜLHEIM AN DER RUHR

Broicher Schlossnacht

**3.8., Am Schloß Broich 28,
45479 Mülheim an der Ruhr, Sa 18–24 h**

Die Schlossnacht bietet einen wunderbaren Mix aus Tanz, Theater und Artistik von Künstlern mit und ohne Handicap. Besucher können sich auf ein leckeres gastronomisches Angebot freuen!

10 €, Kinder (bis 16) Eintritt frei

0208-960960

www.mein-muelheim.de

Künstler auf der Broicher Schlossnacht

VIERSEN

Mediterrane Nacht in Dülken

**3.8., Alter Markt in Dülken,
41751 Viersen-Dülken, Sa 18–24 h**

Lassen Sie sich bei der Mediterranen Nacht in eine andere Welt entführen und genießen Sie griechische, italienische oder spanische Speisen und Klänge.

Nicht bekannt 02162-1010

www.viersen.de

LÜDINGHAUSEN

Büchermarkt

3.8., Innenstadt, 59348 Lüdinghausen, Sa 10–16 h

Der Lüdinghausener Marktplatz wird zur großen Freiluftbuchhandlung.

Eintritt frei

www.lhmarketing.de

Die Cranger Kirmes von oben

ERINNERUNG

COESFELD
Krammarkt
3.8. s. Seite 64

DUISBURG
Jazz auf'm Plazz
1.8., s. Seite 29

ESSEN
Werksschwimmbad
6.7. bis 25.8. s. Seite 64

KLEVE
Klevischer Klaviersommer
4.8 s. Seite 74

MINDEN
Musikvielfalt an der Weserschleuse
5.5. bis 29.9. s. Seite 33

MÖNCHENGLADBACH
Trödelmarkt Eicken
4.8. s. Seite 19

PADERBORN
Libori Volksfest
27.7. bis 4.8. s. Seite 78

Konzerte, Shows und Ausstellungen s. Seiten 6–13

MÜNSTER
Straßenfest Hammer Straße
3./4.8., Hammer Straße, 48153 Münster, Zeiten noch nicht bekannt

Dieses Straßenfest erstreckt sich über einen Kilometer und bietet viel Raum zum Entdecken. Zwei Programm-Bühnen sorgen für Unterhaltung, Geschäfte und der verkaufsoffene Sonntag laden zum Bummeln ein. Für die kleinen Gäste gibt es auch Programm.

Eintritt frei 0251-5346548
www.hammerstrasse.com

9./10.8., Straelen

Straelener Weinfest

TOP EVENT

Anfang August findet das erste Straelener Weinfest in der Blumenstadt statt. Genauer gesagt im Wald- und Naherholungsgebiet Paesmühle.

Genießer und Gourmets kommen ganz auf ihre Kosten. Winzer, Weinhändler und Gastronomen gewähren genussvollen Einblick in die Welt der Weine. In gemütlicher Atmosphäre, bei Musik und leckerem Essen, laden fruchtige Weißweine, vollmundige Rotweine und weitere Köstlichkeiten zum Genießen und Verweilen ein.

Paesmühle
Paesmühlenweg
47638 Straelen
Fr 17–24 h, Sa 15–24 h
Eintritt frei
02834-702992
www.straelen.de

AACHEN
Öcher Sommerbend
9. bis 19.8., Bendplatz, 52072 Aachen, täglich ab 14 h

Mit vielen Attraktionen lockt das Volksfest elf Tage lang hunderttausende Besucher auf den Bendplatz. Rasante Fahrgeschäfte, Spiel- und Spaßbuden und verschiedenen gastronomische Angebote sorgen für ein Vergnügen für Jung und Alt.

Eintritt frei
www.eurogress-aachen.de

BONN
Street Food Festival
9. bis 11.8., Theaterplatz, 53177 Bonn-Bad Godesberg, Fr 15–22 h, Sa 12–22 h, So 12–20 h

Mehr als 20 Stände bieten auf dem Street Food Festival Bad Godesberg auf dem Theaterplatz ihre Köstlichkeiten an. Gäste können sich auf eine kulinarische Weltreise freuen.

Eintritt frei
www.bad-godesberg.info/veranstaltungen

KRANENBURG
Kirmes in Kranenburg
9. bis 12.8., Kirmesplatz, 47559 Kranenburg, Zeiten noch nicht bekannt

Freuen Sie sich auf die Kirmes in Kranenburg. Erfreuen Sie sich an Fahrgeschäften und genießen Sie das kulinarische Angebot.

Eintritt frei 0160-90163550
www.kranenburgkirmes.de

LEVERKUSEN
37. Opladener Bierbörse
9. bis 12.8., An der Schusterinsel, 51379 Leverkusen-Opladen, Fr/Sa 15–24 h, So/Mo 15–23 h

Auf der 37. Opladener Bierbörse können die Besucher vier Tage lang gemeinsam probieren, anstoßen und ein stimmungsvolles Bühnenprogramm genießen. Auf dem Wiesengelände entlang der Wupper finden sich etwa 70 Bier- und Imbissstände mit über hundert verschiedenen Bierspezialitäten ein.

Eintritt frei
www.bierboerse.com

MECHERNICH
Irische Nacht
10.8., Burg Satzvey, An der Burg 3, 53894 Satzvey, Sa 17–24 h
Erleben Sie irische Musik live und genießen dazu ein großes Angebot irischer Speisen und Getränke.
VVK 25 €, erm. 20 €, Kinder (4–12) 10 €
02256-95830
www.burgsatzvey.de/veranstaltungen

MOERS
Sparkassen Summer Soul am See
10.8., Freizeitpark Moers-Kapellen, Bahnhofstraße, Ecke Lauersforter Straße, 47447 Moers, Sa 18–23.30 h
Das Gelände am Freizeitpark Moers-Kapellen wird zur großen Open-Air-Party. Tanzen Sie zu verschiedenen Musikgenres und genießen Sie die Auswahl der Imbissstände.
Nicht bekannt 02841-506882
www.zajuntz.de

Das Festival Mülheim Summer Open Air

MÖNCHENGLADBACH
Rittermarkt
10./11.8., Park an der Zeppelinstraße, 41065 Mönchengladbach, Sa 11–22 h, So 11–19 h
Eine Zeitreise in das Mittelalter des 11. bis 13. Jahrhundert. Von Schwertkampf bis Mittelaltermarkt sorgt das Programm für Unterhaltung der Extraklasse.
Eintritt frei
www.ritterfest-mg.de

NEUSS
Oldtimerbahnfahrt
10.08., weitere Termine: 12.10.,14.12., Innenstadt Neuss, 41460 Neuss, Sa 11–17 h
Die historische Straßenbahn aus dem Jahr 1926 fährt zwischen Stadthalle und Theodor-Heuss-Platz. Die Fahrt ist kostenlos und Sie können an allen Haltestellen zusteigen.
Eintritt frei 02131-4037795
www.neuss-marketing.de/oldtimerbahnfahrt

RAESFELD
Büchermarkt am Wasserschloss Raesfeld
11.8., Schloss Raesfeld, 46348 Raesfeld, So 11–18 h
Flanieren Sie vor der einzigartigen Schlosskulisse und begutachten Sie das breite Angebot an Büchern.
Eintritt frei 02865-955250
www.ortsmarketing.raesfeld.de

ERINNERUNG

ESSEN
Werksschwimmbad
6.7. bis 25.8. s. Seite 64

HERNE
Cranger Kirmes
1. bis 11.8. s. Seite 79

KEVELAER
Atempause
29.7. bis 16.8. s. Seite 79

KLEVE
Klevischer Klaviersommer
4.8 s. Seite 74

MINDEN
Musikvielfalt an der Weserschleuse
5.5. bis 29.9. s. Seite 33

Konzerte, Shows und Ausstellungen s. Seiten 6–13

Ein tolles Feuerwerk beim Hafenfest in Duisburg

PADERBORN

Landpartie Schloss Neuhaus

15. bis 18.8., Neuhäuser Schlosspark, 33104 Paderborn, Do–So 10–18 h

Besuchen Sie die regionale Ausstellung für Garten, Haus und Freizeit und genießen Sie dabei das fesselnde Ambiente des Neuhäuser Barockgartens. Für das leibliche Wohl ist auch gesorgt.

VVK 10 €, Kinder (bis 18) Eintritt frei

05151-787530

www.timpe-landpartien.de/landpartien/schloss-neuhaus

RECKLINGHAUSEN

Hopfenfest

15. bis 17.8., Rathausplatz, 45657 Recklinghausen, Do–Fr 17–24 h, Sa 14–24 h

Eine Feier für das Bier in all seinen Facetten und Aromen in entspannter Genussatmosphäre.

Eintritt frei 02361-52007299

www.hopfenseidank.de

DIVERSE ORTE IM RUHRGEBIET

Ruhrtriennale 2024

16.8. bis 15.9., diverse Orte, Zeiten noch nicht bekannt

Ehemalige Industriemonumente im Ruhrgebiet werden für den Zeitraum des Festivals zum Schauplatz von verschiedenen künstlerischen Darbietungen.

Je nach Veranstaltung 0234-97483300

www.ruhrtriennale.de

DORSTEN

13. Dorstener Bierbörse

16. bis 18.8., Innenstadt, Wall- & Grabenanlage, Südwall, 46282 Dorsten, Fr 15–24 h, Sa 13–24 h, So 13–20 h

Mit etwa 40 Bier- und Imbissständen verwandelt sich die Innenstadt in Dorstens größten Biergarten. Besucher finden hier mehrere hundert Biersorten aus aller Welt.

Eintritt frei

www.bierboerse.com

DORTMUND

Evinger Kohlenkirmes

16. bis 19.8., Marktplatz Dortmund-Eving, Bayrische Straße, 44339 Dortmund, Zeiten noch nicht bekannt

Das Volksfest mit Kultstatus in Dortmund und Umgebung bietet eine familienfreundliche Kirmes und einen großen Biergarten mit Livemusik. Verschiedene Imbiss-Spezialitäten sorgen für das leibliche Wohl.

Eintritt frei

www.kohlenkirmes.de

DUISBURG
Ruhrorter Hafenfest
16. bis 19.8., Dammstraße 1, 47119 Duisburg, Fr 15–1 h, Sa 12–1 h, So 11–1 h, Mo 14–22 h
Das Ruhrorter Hafenfest wird wieder eine bunte Mischung aus Kultur, Musik und maritimen Flair bieten. Am Sonntag gibt es einen Hinterhoftrödel, am Freitag ein großes Höhenfeuerwerk.
Eintritt frei
www.duisburgkontor/events/ruhrorter-hafenfest

MÖNCHENGLADBACH
Das „EineStadt-Fest“
16. bis 18.8., Brucknerallee/Richard-Wagner-Straße, 41238 Mönchengladbach, Fr 18–24 h, Sa 12–24 h, So 11–20 h
Das Stadtfest bietet ein musikalisches Bühnenprogramm, eine große KidsWorld, Kunst- und Handwerkermarkt sowie internationale kulinarische Köstlichkeiten.
Eintritt frei
www.einestadtfest.de

MÜNSTER
Münster Mittendrin
16. bis 18.8., Innenstadt, 48143 Münster, Zeiten noch nicht bekannt
Freuen Sie sich auf ein spannendes Stadtfest-Programm. In der ganzen Münsteraner Innenstadt gibt es Mitmachaktionen für große und kleine Gäste. Jeden Abend treten Top-Acts auf, dieses Jahr sind Kasalla, die Donots und Clueso dabei.
Je nach Konzert
www.mittendrin.ms

WITTEN
Zeltfestival Ruhr
16.8. bis 1.9., Querenburger Straße 35, 58455 Witten, Mo–Fr 17–24 h, Sa/So 12–24 h
Die weiße Stadt am Kemnader See lädt für 17 Tage ein mit abwechslungsreichem Kulturprogramm, Markt der Möglichkeiten und vielfältiger Gastronomie.
7 €, Kinder (bis 12) Eintritt frei, Preise je nach Veranstaltung 01805-004222
www.zeltfestivalruhr.de

LÜDINGHAUSEN
Sternenpicknick
16.8., Innenstadt, 59348 Lüdinghausen, Fr 18–24 h
Ein musikalisches Freiluftpicknick mit Livemusik auf mehreren Bühnen und mit reichhaltigem Gastronomieangebot.
Eintritt frei
www.lhmarketing.de

BAD HONNEF
R(h)einspaziert Insel-Open-Air Festival
17.8., Insel Grafenwerth, 53604 Bad Honnef, Sa 13–23 h
Das Insel-Open-Air-Festival lädt mit einem Kinder- und Familiennachmittag sowie Livemusik am Abend zu einem Event mit einzigartiger Kulisse mitten im Rhein ein.
Eintritt frei
www.rheinspaziert.de

COESFELD
Hansemahl
17.8., Schlosspark, 48653 Coesfeld, Sa 18–21 h
Genießen Sie die besondere Atmosphäre im Schlosspark und lassen Sie den Abend bei selbst mitgebrachtem Essen mit Familie und Freunden ausklingen. Tische können für Gruppen bis zu zehn Personen gebucht werden.
Preis pro Tisch 20 € 02541-9391017
www.coesfeldundpartner.de

Atemberaubende Shows beim Straßenkunstfestival in Essen

Am Tag der Trinkhallen werden Kioske im ganzen Revier gefeiert.

DIVERSE ORTE IM RUHRGEBIET

Tag der Trinkhallen

17.8., diverse Orte, Sa 15–22 h

Beim Tag der Trinkhallen werden Kioske im ganzen Revier als Begegnungsort der Kultur(en) gefeiert. Über 100 Büdchen in der gesamten Metropole Ruhr feierten in den vergangenen Jahren mit und boten ihren Kunden ein persönliches Programm. An 40 ausgewählten Programm-Trinkhallen gibt es zusätzlich ein besonderes Kulturprogramm: DJ-Sets, Livemusik, Comedy, Workshops und mehr.

Eintritt frei 01806-181620

www.tagdertrinkhallen.ruhr

METTMANN

Neandermahl

17.8., Freiheitstraße 19, 40822 Mettman, Sa 19.30–22 h

Gruppen von bis zu acht Personen können sich unter frauennetzwerk@mettmann.de anmelden, um an der großen Tafel an der evangelischen Kirche teilzunehmen. Speisen, Getränke und Tischdeko müssen selbst mitgebracht werden. Der Abend wird von Livemusik begleitet.

30 € pro Tisch

www.neanderthalstadt.me

ESSEN

3. Essener Straßenkunstfestival

17./18.8., Innenstadt Essen, Kennedyplatz, 45127 Essen, Sa 13–22 h, So 13–20 h

Freuen Sie sich auf Akrobatik, Comedy, Musik, Zauberei und Straßentheater. Es erwarten Sie Straßenkünstler aus der ganzen Welt, ein Mitmachzirkus für Kinder, Foodtrucks und vieles mehr.

Eintritt frei

www.essen.de/strassenkunstfestival

XANTEN

KleinMontMartre

17./18.8., Klever Straße, 46509 Xanten, Sa 11–20.30 h, So 11–18 h

Wie auf dem Hügel Montmartre in Paris zeigen über 40 Künstler ihre Bilder, Fotografien und Skulpturen und gewähren Einblicke in ihre Arbeit.

Eintritt frei 02801-772200

www.xanten.de/de/veranstaltungen/kleinmontmartre

HALTERN AM SEE

Karibische Nacht

17./18.8., Freibad Sythen, Mosskamp 30, 45721 Haltern am See, Sa/So 18–2 h

Mal rhythmische Schwünge, mal rockige Sounds.

Tropisches Karibik-Feeling, coole Drinks, Schmackhaftes vom Grill, heißer Sand und Nachtschwimmen – das sind die Zutaten für eine tolle Party unter dem Sternenhimmel.
7 €, Kinder (bis 14) Eintritt frei
www.freibad-sythen.de

KLEVE
Kirmes in Bimmen
17. bis 19.8., Dorfplatz Bimmen, 47533 Kleve-Bimmen, Sa–Mo 18–22 h
Besucher können sich auf eine Kirmes auf dem Dorfplatz Bimmen freuen. Lassen Sie sich von rasanten Fahrgeschäften mitreißen und genießen Sie das kulinarische Angebot.
Eintritt frei 02821-84806
www.kleve.de

WUPPERTAL
Sommerfest „Rund um den Elisenturm"
17./18.8., Elisenplatz, Elisenhöhe 1, 42107 Wuppertal, Sa/So 11–18 h
Freuen Sie sich auf ein Erlebniswochenende für die ganze Familie im Botanischen Garten Wuppertal. Es erwarten Sie ein Bücherflohmarkt, eine Tombola, viele kulinarische Angebote und weitere Mitmachaktionen.
Nicht bekannt 0202-5634180
www.botanischer-garten-wuppertal.de

BIELEFELD
Kinderkulturfest Wackelpeter
18.8., Ravensberger Park, 33607 Bielefeld, So ganztägig
Das eintägige Kinder- und Familienkulturfest unter freiem Himmel bietet ein umfangreiches und spannendes Kulturprogramm. Künstler faszinieren mit Akrobatik, Walk-Acts, Livemusik und Theaterbühnenauftritten.
Eintritt frei
www.bielefeld.jetzt

COESFELD
Coesfelder Berkel-Sommer
18. bis 31.8., Schlosspark, 48653 Coesfeld, Zeiten noch nicht bekannt
Das wird ein bunter Sommer an der Berkel. Besucher können sich freuen auf ein Programm mit Musik, Tanz und Theater.
Nicht bekannt 02541-9391017
www.coesfeldundpartner.de

ERINNERUNG

AACHEN
Öcher Sommerbend
9. bis 19.8. s. Seite 82

BONN
Flohmarkt an der Rheinaue
17.8. s. Seite 22

BERGISCH-GLADBACH
Führung im Papiermuseum
18.8. s. Seite 23

DUISBURG
City-Krimi
17.8. s. Seite 56

ESSEN
Werksschwimmbad
6.7. bis 25.8. s. Seite 64

MINDEN
Musikvielfalt an der Weserschleuse
5.5. bis 29.9. s. Seite 33

MÜNSTER
Flohmarkt
17.8. s. Seite 39

Konzerte, Shows und Ausstellungen s. Seiten 6–13

EMSDETTEN
Garagenflohmarkt
18.8., 48282 Emsdetten, So 11–17 h
Im gesamten Stadtgebiet findet ein dezentrales Flohmarktereignis statt. Begeben Sie sich auf eine Tour durch ganz Emsdetten und entdecken Sie die Angebote, die Sie auf den Grundstücken der Anbieter finden.
Eintritt frei 02572-93070
www.vvemsdetten.de

Das Gourmet Festival in Düsseldorf

AACHEN
Kurpark Classix 2024

22. bis 25.8., Kurpark, 52062 Aachen, Zeiten je nach Konzert

Genießen Sie das einmalige Ambiente des Aachener Kurgartens und lauschen Sie den Klängen von nationalen und internationalen Gästen aus Klassik, Rock und Pop.

Je nach Konzert 0241-94377676
www.kurparkclassix.de

MINDEN
Kultur-Sommerbühne 2024

21. bis 25.8., Kleiner Domhof, 32427 Minden, Zeiten noch nicht bekannt

Besucher können sich an fünf Tagen im Sommer auf ein vielseitiges Bühnenprogramm freuen.

Nicht bekannt 0571-82090659
www.minden-erleben.de

AACHEN
WeinSommer

22. bis 25.8., Katschhof, 52072 Aachen, Zeiten noch nicht bekannt

Weinliebhaber und Genießer können hier in entspannter Atmosphäre den neuen Jahrgang probieren, viel Wissenswertes zum Weinhandwerk erfahren und ihren neuen Lieblingswein finden.

Eintritt frei
www.weinsommer.de

KÖLN
gamescom

21. bis 25.8., Kölnmesse, Messeplatz 1, 50679 Köln, Mi–So ganztägig

Die gamescom in Köln ist die weltweit größte Messe für Videospiele und interaktive Unterhaltung, die jährlich Gaming-Enthusiasten, Entwickler und Unternehmen aus der Branche zusammenführt. Auf der Messe werden die neuesten Spiele, Technologien und Trends der Videospielindustrie präsentiert und erlebt.

Nicht bekannt
www.gamescom.de

DORTMUND
Drachenboot-Festival Dortmund

23. bis 25.8., Phönixseestraße 18, 44263 Dortmund, Fr–So 9–16.30 h

Zuschauer können sich auf ein Drachenboot-Spektakel auf dem schönen Phoenixsee freuen.

Eintritt frei
www.drachenboot-dortmund.de

SOEST
1400 Jahre Stadt Soest

22. bis 25.8., Altstadt, 59494 Soest, Zeiten noch nicht bekannt

Vier Tage lang lädt die Stadt Soest zum Mitfeiern ein. Geplant sind musikalische und kulturelle Events, Sportaktionen und

Vorträge bei einem großen kulinarischen Angebot.
Eintritt frei 02921-1036202
www.so-ist-soest.de

DÜSSELDORF
Gourmet Festival Düsseldorf
23. bis 25.8., Königsallee, 40213 Düsseldorf, Fr 13–22 h, Sa 11–22 h, So 11–20 h
Europas größtes Open-Air Food-Festival verwandelt die Königsallee wieder in die größte Schlemmermeile Europas und lädt ein zum Genießen rund um den Kö-Graben.
Eintritt frei 02132-5102240
www.gourmetfestivals.de

OBERHAUSEN
Musik-Sommer-Nacht
23./24.8., Innenstadt, 46045 Oberhausen, Fr 18–22 h, Sa 18–24 h
Die Oberhausener Innenstadt wird zu einer großen Open-Air-Bühne. Zahlreiche Bands und Solokünstler bieten ein abwechslungsreiches Musikprogramm.
Eintritt frei 0208-88486025
www.oberhausencity.de

GLADBECK
Open-Air-Party
23.8., Willy-Brandt-Platz 2, 45964 Gladbeck, Fr 18–24 h
Eine Open-Air-Party mit drei musikalischen Acts. Geboten wird ein kleines, feines und kultiges Musikprogramm.
Eintritt frei 02043-992477
www.gladbeck.de

KLEVE
Kirmes in Kellen
23. bis 26.8., Schützenhaus, Zur Alten Kirche 50, 47533 Kleve-Kellen, Fr–Mo 18–22 h
Besucher können sich auf die traditionelle Kirmes rund um das Schützenhaus in Kellen freuen. Lassen Sie sich mitreißen von rasanten Fahrgeschäften und genießen Sie das kulinarische Angebot.
Eintritt frei 02821-84806
www.kleve.de

UNNA
Bierfest Unna
23./24.8., Stadthalle, Parkstraße 44, 59425 Unn, Fr/Sa 17–1 h
Entdecken sie regionale, nationale und internationale Bierspezialitäten in angenehmer Atmosphäre mit passender Verpflegung und Musikprogramm.
Eintritt frei 02303-9680520
www.unna-marketing.de

MÖNCHENGLADBACH
Sommermusik Schloss Rheydt
23. bis 31.8., Schloss Rheydt, Schloßstraße 508, 41238 Mönchengladbach, Zeiten je nach Konzert
Das Rheydter Schloss bietet die perfekte Kulisse für die beliebten Konzerte. Eine tolle Atmosphäre und viele Stars garantieren echtes Open-Air-Feeling.
Je nach Konzert
www.voilakonzerte.de

PADERBORN
Paderborner Weindorf
23. bis 25.8., Neuhäuser Schlosspark, Marstall-Innenhof, 33104 Paderborn, Fr 17–24 h, Sa 16–24 h, So 12–19 h
Probieren Sie verschiedene Weine und Brände und genießen Sie das musikalische und gastronomische Angebot.
Eintritt frei 05251-8811092
www.schlosspark-paderborn.de

DÜSSELDORF
Lichterfest
24.8., Benrather Schlossallee 100–106, 40597 Düsseldorf, Sa ab 18 h
Zahlreiche kleine Kerzen flackern in geselligen Picknickrunden, farbenfrohe Lichter erhellen die Schlosskulisse und Wasserspiele tanzen zum Takt klassischer Musik auf dem Spiegelweiher.
Das Lichterfest lockt mit zauberhaften Klängen und einem einzigartigen Ambiente in das Benrather Schloss.
ab 45 €
www.tickets.schloss-benrath.de

24./25.8., Dorsten-Lembeck

FineArts Schloss Lembeck

TOP EVENT

Immer am letzten Augustwochenende kommen 160 Künstler, Kunsthandwerker und Designer zu „FineArts“, die in dieser Qualitätsdichte und -breite nur an ganz wenigen Orten in Europa zu sehen sind. Hier trägt jedes Stück seine persönliche Handschrift: bezaubernde Skulpturen aus Keramik, Eisen, Holz und Stahl, ausgezeichnetes Schmuck-Design sowie einzigartige Werke der angewandten und bildenden Kunst erwarten Sie im Wasserschloss Lembeck.

Schloss Lembeck, Schloss 1,
46286 Dorsten-Lembeck

Sa/So 10–18 h, 12,50 € Eintritt,
Kinder (bis 16) Eintritt frei
www.kunstmarkt.net

COUPON NR. 10

VELBERT
Langenberger Sommerfest
23./24.8., Froweinplatz,
42555 Velbert-Langenberg, Fr/Sa ab 17 h
Geboten wird Spiel und Spaß für die ganze Familie, Livemusik und ein vielseitiges Catering-angebot.
Eintritt frei 02051-262486
www.stadtmarketing.velbert.de/events

KALKAR
Landpartie Kalkar
24.8., Am Stadtpark, 47546 Kalkar, Sa 15–22 h
Der Open-Air-Markt lockt mit kulinarischen Köstlichkeiten. Für die kleinen Besucher gibt es viele spannende Aktionen.
Nicht bekannt
www.kalkar-aktiv.com/events

KLEVE
Cinque-Sommernacht
24.8., Cinque Allee/Tiergartenstraße 74,
47533 Kleve, Sa 20–23 h
In der schönen Landschaft auf der Wiese hinter dem Tiergarten steigt die große Cinque-Sommernacht. Freuen Sie sich auf ein abwechslungsreiches Kulturprogramm.
38,50 €, erm. 36,30 € 02821-24161
www.cinque-kleve.de

MÜNSTER
Kreuzviertelfest
24./25.8., Kreuzkirche, 48147 Münster,
Zeiten noch nicht bekannt
Bei diesem Fest gibt es rund um die Kreuzkirche eine abwechlsungsreich gestaltete Flaniermeile, die zum Verweilen einlädt. Es gibt auch verschiedene Musik-Auftritte.
Nicht bekannt 0251-42929
www.x4tel.de

GÜTERSLOH
Donnerlüttken
25.8., Theater Gütersloh, Hans-Werner-Henze-Platz, 33330 Gütersloh, So 11–18 h
Tolle Spielaktionen und Bastelaktionen laden Kinder im Kindergarten- und Grundschulalter zum Mitmachen ein. Es erwarten Sie auch spannende Theateraufführungen und Musikstücke.
Eintritt frei 05241-822072
www.guetersloh.de

LINDLAR
Bauernmarkt
24./25.8., LVR-Freilichtmuseum Lindlar, Heiligenhoven 16a, 51789 Lindlar, Sa/So 10–18 h

Der Bauernmarkt zeigt die Vielfalt des Bergischen Landes. Bestaunen Sie außerdem alte Handwerkskunst, Pferdeflug, Kartoffelroder und Dreschmaschine.

9 €, Kinder Eintritt frei
02234-9921555
www.freilichtmuseum-lindlar.lvr.de

KREFELD
Seifenkistenrennen am Hülser Berg
25.8., Hülser Berg, 47839 Krefeld, Zeiten noch nicht bekannt

Besucher erwartet ein rasantes Rennen, bei dem die Seifenkisten sich der Herausforderung stellen, die 500 Meter lange Strecke mit S-Kurve zu meistern.

Nicht bekannt 02151-860
www.krefeld.de

MOERS
Briefmarken-Großtauschtag
25.8., Casino der Sparkasse am Niederrhein, Ostring 6, 47441 Moers, So 9–15 h

Besuchen Sie den überregionalen Briefmarkentauschtag und begutachten Sie die Händlerstände und weitere Programmpunkte.

Eintritt frei 02841-73667
www.sammlergilde-repelen.de

ERINNERUNG

AACHEN
Öcher Sommerbend
9. bis 19.8. s. Seite 82

BONN
Flohmarkt an der Rheinaue
17.8. s. Seite 22

BERGISCH-GLADBACH
Führung im Papiermuseum
18.8. s. Seite 23

DUISBURG
City-Krimi
17.8. s. Seite 56

ESSEN
Werksschwimmbad
6.7. bis 25.8. s. Seite 64

MINDEN
Musikvielfalt an der Weserschleuse
5.5. bis 29.9. s. Seite 33

MÜNSTER
Flohmarkt
17.8. s. Seite 39

Konzerte, Shows und Ausstellungen s. Seiten 6–13

Seifenkistenrennen ist ein Spaß für Jung und Alt.

31. August/1. September

DORMAGEN
5. Zonser Kinonächte

29.8. bis 1.9., Freilichtbühne Zons, Wiesenstraße, 41541 Dormagen, täglich ab 21 h

Die fünften Zonser Kinonächte zeigen bewegende Kinofilme auf der wunderschönen Freilichtbühne des mittelalterlichen Städtchens Zons. Die einzigartige Location mit Blick über die alten Mauern bis hinab zum Rhein und die familiäre Atmosphäre machen das Kino zu einem eindrucksvollen Erlebnis.

Nicht bekannt 02133-86880490
www.zonser-kinonaechte.de

ESSEN
Gourmet-Meile Metropole Ruhr

29.8. bis 1.9., Zeche Zollverein, Gelsenkirchener Straße 181, 45309 Essen, Do/Fr 16–23 h, Sa 12–23 h, So 12–20 h

Vor der außergewöhnlichen Kulisse des UNESCO-Welterbe Zollverein präsentieren die Köche von ESSEN GENIESSEN ihre Köstlichkeiten, darunter traditionelle Ruhrpottgerichte extravagant zubereitet.

Eintritt frei
www.essen-geniessen.de

MÜNSTER
Turnier der Sieger

29.8. bis 1.9., Schlossplatz, 48143 Münster, Zeiten noch nicht bekannt

Vor der malerischen Kulisse des Barockschlosses kämpft die Reiterelite um Siege und Platzierungen. Das „Turnier der Sieger" gehört zu den traditionsreichsten und ältesten Turnieren Deutschlands und verweist auf die lange Geschichte und den hohen Stellenwert, den Pferdereitsport in Münster hat.

ab 10 €
www.turnierdersieger.de

MÜNSTER
„Schauraum"– Das Fest der Museen und Galerien

29. bis 31.8., diverse Orte, 48143 Münster, Zeiten noch nicht bekannt

Die Innenstadt von Münster wird für drei Tage zum Schauraum für Kunst, Kultur und Genuss. Erleben Sie Illuminationen, Ausstellungen, Lounges, Livemusik und ein gastronomisches Angebot.

Nicht bekannt 0251-399450
www.schauraum.kunstraum-muenster.de

DORTMUND
Einstieg Dortmund

30./31.8., Messe Dortmund, Rheinlanddamm 200, 44139 Dortmund, Fr 9–14 h, Sa 10–16 h

Eine kostenlose Berufsmesse in Dortmund zum Kennenlernen verschiedener Berufsfelder und Studiengänge. Viele Berufsbilder können Sie interaktiv ausprobieren.

Eintritt frei 02213-980930
www.einstieg.com/messen/dortmund.html

Neue Berufe kennenlernen auf der Einstieg Dortmund

DÜSSELDORF
Herbstfestival Schloß Eller

30.8. bis 1.9., Heidelberger Straße 42, 40229 Düsseldorf, Fr 12–18 h, Sa/So 10–18 h

Über 100 Aussteller präsentieren in den restaurierten Sälen und dem angrenzenden Schloßpark Exklusives für Haus und Garten mit einem stimmungsvollen Rahmenprogramm.

12 €, Kinder (bis 18) frei 02151-594535
www.renomueller.de

COUPON NR. 11

Musik in Gladbeck, umsonst und draußen

MOERS

Moerser Kirmes 2024

30.8. bis 3.9., Innenstadt, 47110 Moers, Zeiten noch nicht bekannt

Besucher können sich auf eine bunte Mischung an Kirmesattraktionen, Partyzonen und weiteren Ständen freuen.

Eintritt frei 02841-882260
www.kirmes-moers.de

WALTROP

Waltroper Parkfest

30.8. bis 1.9., Moselbachpark, 45731 Waltrop, Fr 16–1 h, Sa 15–1 h, So 11–22 h

Ein großes Kulturfest im Ostvest mit Kirmes, Märkten, Shopping und Musik.

ab 20 €, Kinder (bis 14) Eintritt frei
02309-962660
www.waltroper-parkfest.de

RECKLINGHAUSEN

Open Air Konzert der Neuen Philharmonie Westfalen

30.8., Markt, 45657 Recklinghausen, Fr ab 19.30 h

Kostenloses Open-Air-Konzert der Neuen Philharmonie Westfalen. Mitten auf dem Marktplatz erleben Sie hochklassige Musik unter freiem Himmel.

Eintritt frei 02361-48860
www.neue-philharmonie-westfalen.de

KÖLN

24. Kölner Bierbörse

30.8. bis 1.9., Rheinpromenade, Konrad-Adenauer-Ufer, 50668 Köln, Fr/Sa 15–23 h, So 13–20 h

Auf der schönen Rheinpromenade, in der Nähe der Kölner Altstadt, lockt die 24. Bierbörse drei Tage lang mit einem vielfältigen Angebot an Bierspezialitäten, die nach Herzenslust erkundet werden können. Rund 30 Brauereien präsentieren ihre liebevoll gestalteten Biergärten. Neben den einheimischen Bieren können auch exotische Biersorten aus aller Welt probiert und genossen werden.

Eintritt frei
www.bierboerse.com

Die Bierbörse in Köln

31. August/1. September

HALTERN AM SEE
Heimatfest

30.8. bis 1.9., Innenstadt, Kärtner Platz, Kardinal-Graf-von-Galen-Park, 45721 Haltern am See, Fr–So ganztägig

Freuen Sie sich auf ein abwechslungsreiches Programm mit Kirmes, zahlreichen Ständen, Flohmärkten und vielfältigem Bühnenprogramm. Gastronomisch sind Sie mit vielfältigen Speise- und Getränkewagen versorgt.

Eintritt frei

www.heimatfest-haltern-am-see.de

STEINFURT
Schweinemarkt

30.8. bis 1.9., Innenstadt Borghorst, 48565 Steinfurt, Zeiten noch nicht bekannt

Freuen Sie sich auf eine abwechslungsreiche Mischung aus Händlern, Ausstellern, Flohmarktständen und kulinarischem Angebot. Die abendliche „Big Pig Party" lädt mit Livemusik ein. Der Markt wird begleitet von einem verkaufsoffenen Sonntag.

Eintritt frei 📞 02551-186900

www.steinfurt-touristik.de

AACHEN
Tag der Vielfalt/ Lange Tafel der Vielfalt

31.8., Katschhof, 52062 Aachen, Zeiten noch nicht bekannt

Die lange Tafel der Vielfalt lädt zum Feiern eines bunten Miteinanders ein. Es gibt ein abwechslungsreiches Bühnenprogramm und viele Informationsstände.

Eintritt frei 📞 0241-4320

www.aachen.de

GANGELT
Tag der Schiene

31.8., Bahnhof Gillrath, 52538 Gangelt, Sa ab 11 h

Zum Tag der Schiene begrüßt die Selfkantbahn alle, die mal einen Blick hinter die Kulissen werfen wollen: Gleisbau, Werkstatt, Betriebsdienst auf der Lok oder im Zug und die Besucherbetreuung stehen offen, um die Selfkantbahn hautnah zu erleben – und die Menschen, die die Bahn am Laufen halten.

Eintritt frei

www.selfkantbahn.de

Ein buntes Treiben bei Kaarst total

1.9., Bocholt

Int. Kunstmarkt in Bocholt „CityArt“

Mehr als 60 nationale und internationale Künstler machen die Bocholter Innenstadt am ersten September zu einer fantastischen Kunstgalerie. Die Besucher können, untermalt von Livemusik, zwischen den Marktständen und Cafés der Stadt flanieren. Parken ist an dem Tag kostenlos in der City.

TOP EVENT

Bocholter Innenstadt
46395 Bocholt
So 11–18 h
Eintritt frei

GÜTERSLOH

Gütersloh International

31.8., Stadthalle Gütersloh, Friedrichstraße 10, 33330 Gütersloh, Zeiten noch nicht bekannt

Die Veranstaltung vor und in der Stadthalle möchte einen kulturellen Austausch zwischen den Mitbürgern fördern. Hierfür gibt es ein abwechslungsreiches Programm mit Beiträgen aus unterschiedlichen Ländern.

Nicht bekannt 05241-822442
www.guetersloh.de

KAARST

Kaarst total

31.8./1.9., Innenstadt, 41564 Kaarst, Sa/So ab 11 h

Zwei Tage Nonstop-Programm auf drei Bühnen für jeden Musikgeschmack. Es gibt einen musikalischen Frühschoppen, eine Flaniermeile, Kinderprogramm, Oldtimershow und Feuerwerk. Das Fest wird von einem verkaufsoffenen Sonntag begleitet.

Eintritt frei 02131-9870
www.kaarst.total.de

Klangvolle Musik in stimmungsvoller Atmosphäre auf dem Marktplatz in Recklinghausen

WESEL

Bulli Summer Festival

30.8. bis 1.9., Auesee, 46487 Wesel, Zeiten noch nicht bekannt

Das Bulli Summer Festival dreht sich ganz um den VW-Bus. Freuen Sie sich auf ein abwechslungsreiches Programm mit Livemusik, Messe und vielen Mitmachaktionen für Kinder.

ab 35 € 0431-55698153
www.bullisummerfestival.de

31. August/1. September

KLEVE

Kirmes in Griethausen

31.8. bis 2.9., Postdeich 200, 47533 Kleve-Griethausen, Sa–Mo 18–22 h

Besucher können sich auf eine Kirmes im Ortsteil Griethausen freuen. Lassen Sie sich von rasanten Fahrgeschäften mitreißen und genießen Sie das kulinarische Angebot.

Eintritt frei 02821-91457
www.hv-griethausen.de

MECHERNICH

Ritterspiele Herbst

31.8./1.9., weiterer Termin: 7./8.9., Burg Satzvey, An der Burg 3, 53894 Satzvey, Sa 12–20 h, So 12–19 h

Freuen Sie sich auf ein Ritterturnier mit großem Mittelaltermarkt, Gauklern und Spielleuten. Es wird ein spektakuläres Showprogramm geboten.

VVK ab 13 €, erm. ab 13 €, Kinder (4–12) ab 10 € 02256-95830
www.burgsatzvey.de/veranstaltungen

VELBERT

Parkfest

31.8./1.9., Herminghauspark, Uelenbeek, 42549 Velbert, Sa/So 12–18 h

Besucher erwartet ein Parkfest im Herminghauspark mit umfangreichem Programm, Tanz, Spiel, Musik und einem vielfältigen Cateringangebot.

Eintritt frei 02051-262486
www.stadtmarketing.velbert.de/events

Das Waltroper Parkfest

VELBERT
Konzert unter der Saubrücke
31.8., Wohnmobilstellplatz Saubrücke, 42549 Velbert, Sa 19–23 h
Das Live-Programm der Coverrockband „DELUXE – the Radioband" sorgt für richtig gute Stimmung. Eine Auswahl an gastronomischen Angeboten ist natürlich auch vorhanden.
Eintritt frei 02051-60550
www.stadtmarketing.velbert.de/events

WUPPERTAL
Sieben Sachen. Gute Dinge. Gutes Leben.
31.8./1.9., Schloss Lüntenbeck, 42327 Wuppertal, Sa/So 11–18 h
Tauchen Sie ein in kreative Welten und entdecken Sie handgemachte Kunst, Mode und Wohnaccessoires.
VVK 7 € 0202-2987687
www.schloss-luentenbeck.de

BIELEFELD
RadKulTour Bielefeld
1.9., Sennestadt, 33689 Bielefeld, So 14–18 h
Freuen Sie sich auf abwechslungsreiche Unterhaltung entlang der rund 18 Kilometer langen Radroute durch Sennestadt. Es erwarten Sie Programmpunkte aus Musik, Theater, Tanz und Literatur.
Eintritt frei, 0521-518537
www.kulturamt-bielefeld.de

BERGISCH GLADBACH
Papierfest
1.9., Papiermühle Alte Dombach, 51465 Bergisch Gladbach, So 11–18 h
Im Papiermuseum wird Spiel und Spaß geboten. Für Kinder gibt es ein buntes Rahmenprogramm rund um das Thema Papier. Für das leibliche Wohl ist auch gesorgt.
Eintritt frei 02234-9921555
www.industriemuseum.lvr.de

VELEN
Büchermarkt Ramsdorf
1.9., Ramsdorf, 46342 Velen, So 11–18 h
Bücherwürmer können sich auf ein breites Angebot freuen. Begleitet wird der Büchermarkt von einem verkaufsoffenen Sonntag.
Eintritt frei 02863-926216
www.velen.de

AACHEN
Aachener Antik- & Kunstmarkt am Elisenbrunnen
1.9., Friedrich-Wilhelm-Platz, 52062 Aachen, So 10–18 h
Besucher können über den Friedrich-Wilhelm-Platz bummeln und spannende Waren entdecken.
Nicht bekannt 02232-931717
www.a-v-a.net

ERINNERUNG

COESFELD
Berkel-Sommer
18.8. bis 31.8. s. Seite 87

DIVERSE ORTE IM RUHRGEBIET
Ruhrtriennale 2024
16.8. bis 15.9., s. Seite 84

DÜSSELDORF
Düsseldorfer Fischmarkt
1.9. s. Seite 19

MINDEN
Musikvielfalt an der Weserschleuse,
5.5. bis 29.9 s. Seite 33

MÖNCHENGLADBACH
Sommermusik Schloss Rheydt
23. bis 31.8 s. Seite 89

WITTEN
Zeltfestival Ruhr
16.8. bis 1.9. s. Seite 85

Konzerte, Shows und Ausstellungen s. Seiten 6–13

BIELEFELD
Bielefelder Weinmarkt
3. bis 8.9., Alter Markt, 33602 Bielefeld, Zeiten noch nicht bekannt
Die Bielefelder Altstadt verwandelt sich in ein gemütliches Weindorf unter freiem Himmel. In stimmungsvoller Atmosphäre genießen die Besucher deutschen Wein und die ein oder andere kulinarische Köstlichkeit.
Eintritt frei 0521-516999
www.bielefeld.jetzt/weinmarkt

BONN
Beethovenfest
5.9. bis 3.10., diverse Orte in Bonn, 53111 Bonn, Zeiten je nach Konzert
Ludwig van Beethoven gilt als großer Erneuerer der Musikgeschichte. Bonn feiert den berühmten Sohn gebührend: Das alljährlich im September stattfindende Beethovenfest bringt Künstler von Weltrang und maßgebliche Beethoven-Interpretationen nach Bonn. Mit rund 70 Konzerten an mehr als 30 Spielstätten zählt das 1845 gegründete Festival zu den größten und renommiertesten seiner Art.
Zeiten je nach Konzert 0228-201030
www.beethovenfest.de

COUPON NR. 12

LIPPSTADT
Lippstadt Culinaire
5. bis 8.9., Rathausplatz, 59557 Lippstadt, Do–Sa 10–20 h, So 11–20 h
Ausgewählte Lippstädter Gastronomen laden zu einem entspannten Schlemmer-Wochenende ein. Freuen sie sich auf kulinarische Köstlichkeiten und entspanntes Shoppen. Der Sonntag ist verkaufsoffen.
Eintritt frei 02941-58515
www.lippstadt.de

LÜNEN
Lünsche Mess
5. bis 8.9., Innenstadt, 44532 Lünen, Zeiten noch nicht bekannt
Ein großes Stadtfest in der Lüner Innenstadt. Livemusik, Entenrennen, Kirmes, Märkte und Imbisse bieten Spaß für die ganze Familie.
Eintritt frei 02306-1042299
www.kulturbuero-luenen.de

BAD LIPPSPRINGE
Kürbisfestival unten im Meer
6.9. bis 27.10., Gartenschau, Lindenstraße 1a, 33175 Bad Lippspringe, täglich 9–18 h
Zehn imposante Skulpturen, eine beeindruckende Ausstellung mit 200 Kürbissorten aus aller Welt und unterhaltsame Veranstaltungen für die ganze Familie – das ist das Kürbisfestival 2024 in der Gartenschau Bad Lippspringe. Kürbisfans können in die spannende Welt des vielseitigen Gemüses eintauchen.
Nicht bekannt
www.gartenschau-badlippspringe.de

BERGISCH-GLADBACH
Stadt- und Kulturfest
6. bis 8. 9., Innenstadt, 51465 Bergisch Gladbach, Fr 17–23 h, Sa 10–23 h, So 10–18 h
Freuen Sie sich auf drei Tage beste Unterhaltung für jedes Alter und jeden Geschmack. Das familienfreundliche Fest bietet Livemusik.
Eintritt frei 02202-44000
www.becom.events/stadt-und-kulturfest

BESTWIG-RAMSBECK
Gruben-Light-Dinner im Bergwerk
6.9. Sauerländer Besucherbergwerk, Glück-Auf-Straße 3, 59909 Bestwig-Ramsbeck, Fr ab 17.15 h
Eine Einfahrt in die Grube kombiniert mit einem romantischen Abendessen auf 300 Meter Tiefe. Gegessen wird an einem festlich gedeckten Tisch, mit Kerzen und Erzsteinen dekoriert.
ab 89 € 02905-250
www.sauerlaender-besucherbergwerk.de

BOCHUM
Bochumer Musiksommer
6. bis 8.9., Innenstadt, 44787 Bochum, Zeiten noch nicht bekannt

Das Stadtfest in Unna wird sehr gerne besucht.

Umsonst und draußen. Bunt gemischt zeigt sich im August der Bochumer Musiksommer. Klassik, elektronische Tanzmusik, Chormusik, Jazz und vieles mehr erwarten die Besucher. Mehrere Bühnen und Spielorte verteilen sich in der Innenstadt.
Eintritt frei
www.bochumer-musiksommer.de

HAMM
Kulturfestival h4
6. bis 8.9., Innenstadt, 59063 Hamm, Zeiten noch nicht bekannt
Die Hammer Innenstadt wird zur Kulturmeile mit umfangreichem gastronomischem Angebot.
Eintritt frei
www.hamm.de/h4

AACHEN
Europamarkt Aachen – Kunsthandwerk & Design
7./8.9., Aachener Innenstadt, 52062 Aachen, Sa 10–19 h, So 11–18 h
Mitten im Herzen Aachens findet der Europamarkt mit seinen circa 300 Ständen rund um den Dom und das Rathaus statt. Hier finden Sie Handwerk und Design vom Feinsten.
Eintritt frei 02407-9089130
www.europamarkt-aachen.de

RHEDA-WIEDENBRÜCK
Altstadtfest
6. bis 8.9., Altstadt Rheda, 33378 Rheda-Wiedenbrück, Sa–Mo ganztägig
Das Altstadtfest bietet ein abwechslungsreiches Unterhaltungsprogramm. Besucher können sich auf Musik, Marktstände und Kulinarik freuen.
Eintritt frei 05242-43676
www.altstadt-initiative-rheda.de

SOEST
Gaudium Mittelalterfest
6. bis 8.9., Altstadt, 59494 Soest, Zeiten noch nicht bekannt
Gaukler, Bauern und Edelleute schlagen ihre Lager in Soest auf und entführen die Besucher in eine mittelalterliche Zeit.
Nicht bekannt 02921-1036202
www.so-ist-soest.de

UNNA
Stadtfest Unna
6. bis 8.9., Innenstadt, Bahnhofstraße, 59423 Unna, Fr 17–1 h, Sa 12–1 h, So 12–20 h
Eine Stadt wird zur Bühne! Über 100 Stunden Musik, Aktionen, Tanz, Theater und jede Menge Spaß. Bei Livemusik auf acht Bühnen ist für jeden Geschmack etwas dabei.
Eintritt frei 02303-9680520
www.unna-marketing.de

7./8. September

BIELEFELD

Geocaching – Auf Rätseltour in der Natur

7.9., Biostation, 33659 Bielefeld, Sa 15–18 h

Gehen Sie auf eine Schatzsuche der modernen Art. Finden und lösen Sie Rätsel, die Sie zum Geocache führen werden.

12 € für 2 Teilnehmer, jedes weitere Familienmitglied 5 €

05209-980101

www.biostationgt-bi.de

GELSENKIRCHEN

Großer Entdeckertag

7.9., ZOOM Erlebniswelt, Bleckstraße 64, 45889 Gelsenkirchen, Sa 10–17 h

Auf der Weltreise durch Alaska, Afrika und Asien gibt es viel zu entdecken. Eine Zoo Rallye führt durch drei Erlebniswelten mit tierischen Aktionen und spannenden Einblicken.

21,50 €, Kinder (4–12) 14 € 0209-95450

www.zoom-erlebniswelt.de

GLADBECK

Appeltatenfest

7./8.9., Innenstadt, 45964 Gladbeck, Sa/So ab 11 h

Großes Stadtfest in Gladbeck mit vielfältigem Familienprogramm, Ständen und der Krönung der Appeltatenmajestät.

Eintritt frei 02043-992477

www.gladbeck.de

Pinguine in der ZOOM Erlebniswelt Gelsenkirchen

METTMANN

Klang.Räume.Oberstadt

7.9., Mettmanner Oberstadt, 40822 Mettmann, Sa 19–22.30 h

An acht spannenden Orten der historischen Oberstadt können Besucher 22 Konzerte von elf Bands und Ensembles lauschen. Genießen Sie die besondere Atmosphäre des Viertels, die vielfältige Café- und Kneipenszene und das altstädtische Flair.

VVK 18 €

www.neanderthalstadt.me

So, 8.9.

Tag des offenen Denkmals

Historische Stätten, im Regelfall verschlossen, öffnen ihre Tore. Denkmalpfleger, Archäologen, Restauratoren und Handwerker erläutern in interessanten Führungen ihre Arbeit und die Bedeutung des kulturellen Erbes. Thema 2024: „Wahr-Zeichen. Zeitzeugen der Geschichte.“, Infos: **www.tag-des-offenen-denkmals.de.**

MÜLHEIM AN DER RUHR

Drachenboot-Festival

7./8.9., Ruhrarena, 45479 Mülheim a. d. Ruhr, Sa 9–18 h, So 9–16 h

Hochmotivierte Teams und spannende Rennen verspricht das Drachenboot-Festival mitten in der Mülheimer Innenstadt.

Zuschauer Eintritt frei 0208-960960

www.drachenboot-muelheim.de

STEINFURT

Nachtflohmarkt

7.9., Innenstadt, 48565 Steinfurt, Sa 18–23 h

Der Breitensport Burgsteinfurt e. V. lädt zum Nachtflohmarkt in die historische Innenstadt von Burgsteinfurt ein. Besucher können sich neben dem Trödel auf ein Rahmenprogramm freuen.

Eintritt frei 0157-88090870

www.nachtflohmarkt-steinfurt.de

Das Drachenboot-Festival auf der Ruhr

VELBERT
Hardenberg Open Air
7.9., Schloss Hardenberg, Zum Hardenberger Schloss 1, 42553 Velbert-Neviges, Sa ab 18 h

Freuen Sie sich auf ein niveauvolles, atmosphärisches Freiluftkonzert vor historischer Kulisse mit Speis und Trank.

Eintritt frei 02051-262486
www.stadtmarketing.velbert.de/events

WARENDORF
Marktplatz Tribute Nights
7.9., Historischer Marktplatz, 48231 Warendorf, Sa 20–23.30 h

Im Rahmen der Warendorfer Pferdenacht wird der Marktplatz gerockt. Die Bands sorgen mit ordentlichem Sound für reichlich Stimmung.

Eintritt frei 02581-545454
www.warendorf.de

BIELEFELD
Stadtwerke run & roll City
8.9., Innenstadt, 33602 Bielefeld, Zeiten noch nicht bekannt

Freuen Sie sich auf eine Laufveranstaltung durch die Bielefelder City. Die Veranstaltung wird begleitet von einem vielseitigen Rahmenprogramm für die ganze Familie.

Nicht bekannt 0521-55774555
www.bielefeld-marketing.de

DETMOLD
Familienfest
8.9., Hangar 21, 32756 Detmold, Zeiten noch nicht bekannt

Das Familienfest am Hangar 21 lädt ein mit vielen Spiel- und Mitmachaktionen für die ganze Familie.

Nicht bekannt 05231-4581211
www.hangar-21.eu

GANGELT
Teddybärentag Selfkantbahn
8.9., Bahnhof Schierwaldenrath, 52538 Gangelt, So ganztägig

Ganz nah an eine Dampfeisenbahn zu kommen ist natürlich toll, aber es kann auch ganz schön aufregend sein. Da ist es gut, man geht nicht alleine hin, sondern hat jemanden dabei, auf den man sich immer verlassen kann: das Kuscheltier.

Kinder mit Kuscheltieren erhalten am Teddybärentag eine freie Fahrt.
Eintritt frei,
Zugfahrt für Erwachsene kostenpflichtig
www.selfkantbahn.de

MOERS
Schlossfest mit Theaterfest
8.9., Kastell 9, 47441 Moers, So 11–19 h
Am Schlossfest und Theaterfest wird ein buntes Kulturprogramm rund um das Moerser Schloss geboten. Die Besucher erwarten Führungen, Aktionen, Verkaufsstände und vieles mehr.
Eintritt frei 02841-201 68200
www.grafschafter-museum.de

COUPON NR. 13

GEVELSBERG
Erlebnishandel Gevelsberg
8.9., Mittelstraße, 58285 Gevelsberg, So 13–18 h
Am zweiten Sonntag im September öffnen zwischen 13 und 18 Uhr die Geschäfte in der Innenstadt zum sonntäglichen Einkauf. Daneben findet die große Gevelsberger Büchermeile, die Automeile und die beliebte Blaulichtmeile statt.
Eintritt frei 02332-12307
www.city-gevelsberg.de

Beeindruckende Oldtimer laden zum Staunen ein.

MÜNSTER
22. Volksbank-Münster-Marathon
8.9., Start Schloßplatz, 48143 Münster, Ziel Prinzipalmarkt, So 9–15 h
Der Marathon in Münster ist einer der größten Marathonläufe in Deutschland. Einzigartig ist der Zieleinlauf auf dem beflaggten Pinzipalmarkt. Über 300 Künstler und unzählige Zuschauer sorgen für eine einzigartige Stimmung.
ab 75 €, erm. 65 € 0251-9277288
www.volksbank-muenster-marathon.de

HEILIGENHAUS
Heiligenhauser Oldtimertreffen
8.9., Innenstadt, 42579 Heiligenhaus, So ab 10 h
Die Heiligenhauser Innenstadt lädt ein zum großen Oldtimertreffen. Bestaunen Sie die Wagen und kommen Sie mit anderen Autofans ins Gespräch.
Eintritt frei 02056-130
www.heiligenhaus.de

SOEST
Bördebauernmarkt
8.9., Altstadt und Marktplatz, 59494 Soest, So 11–18 h
Der Herbst zeigt sich beim Bördebauernmarkt von seiner schönsten Seite. Entdecken Sie farbenfrohe herbstliche Dekorationen und Erzeugnisse für Haus, Hof und Garten von regionalen Direktvermarktern.
Eintritt frei 02921-1036202
www.so-ist-soest.de

RECKLINGHAUSEN
Tierparkfest
8.9., Stadtgarten/Tierpark, 45657 Recklinghausen, So 11–17 h
Ein Mitmachfest rund um die Themen Natur und Umwelt. Erleben Sie die Tiere hautnah.
Eintritt frei 02361-505050
www.recklinghausen.de

STEINFURT
Tag des offenen Denkmals
8.9., Innenstadt, 48565 Steinfurt, Zeiten noch nicht bekannt

Tierparkfest

Zahlreiche Gebäude in Steinfurt machen mit beim deutschlandweiten Tag des offenen Denkmals. Interessierte Besucher bekommen Einblicke in Denkmäler und historische Stätten.
Nicht bekannt 02551-186900
www.steinfurt-touristik.de

WARENDORF
Warendorfer Pferdenacht mit Late-Night-Shopping
6. bis 8.9., Innenstadt Warendorf, 48231 Warendorf, Fr–So ganztägig
Einkaufen bis Mitternacht, Musik, Geselligkeit und Lebensfreude sind die Zutaten der längsten Pferdenacht der Welt, die ihresgleichen sucht. Die Pferdenacht endet mit einem verkaufsoffenen Sonntag von 13 bis 18 Uhr.
Eintritt frei 02581-545454
www.warendorf.de

WARENDORF
Bundeschampionate Finale – Reitturnier
4. bis 8.9., Deutsches Olympiade-Komitee für Reiterei und Bundesleistungszentrum Reiten, Freiherr-von-Langen-Straße 39, 48231 Warendorf, täglich 10–18 h

Jedes Jahr im Herbst werden auf den HKM Bundeschampionaten in Warendorf die Topnachwuchspferde und -ponys aus deutscher Zucht in den Disziplinen Dressur, Springen, Vielseitigkeit und Fahren in fünf Altersklassen zu Bundes-champions gekürt.
Eintritt je nach Veranstaltung
02581-545454
www.pferd-aktuell.de

ERINNERUNG

DIVERSE ORTE IM RUHRGEBIET
Ruhrtriennale 2024
16.8. bis 15.9. s. Seite 84

DÜSSELDORF
Büchermeile
7./8.9. s. Seite 21

DÜSSELDORF
City-Krimi
7.9. s. Seite 69

DUISBURG
Duisburger Spätschicht
5.9. s. Seite 30

KÖLN
Adler-Modellspielzeugmarkt
8.9. s. Seite 42

MECHERNICH
Ritterfestspiele
7./8.9. s. Seite 39

MINDEN
Musikvielfalt an der Weserschleuse
5.5. bis 29.9. s. Seite 33

NEUSS
City-Trödelmarkt
8.9. s. Seite 36

Konzerte, Shows und Ausstellungen s. Seiten 6–13

14./15. September

DÜSSELDORF

5. Nacht der Wissenschaft

13.9., Haus der Universität, Shadowplatz 14, 40212 Düsseldorf, Fr 17–00 h

Wissenschaftler der Universität und weitere Organisationen präsentieren wissenschaftlich interessierten Bürgern ihre Kompetenzen und Möglichkeiten. Mehr als 55 verschiedene Beiträge laden zum Mitmachen, Mitdenken und Mitdiskutieren ein.

Eintritt frei

www.ndw-duesseldorf.de

HAMM

Stunikenmarkt

13. bis 17.9., Innenstadt, 59063 Hamm, Fr 16–23.30 h, Sa 14–23.30 h, So–Di 14–22 h

Es geht rund auf dem Stunikenmarkt, der Kirmes in der Hammer Innenstadt. Lassen Sie sich mitreißen von rasanten Fahrgeschäften oder genießen Sie das kulinarische Angebot.

Eintritt frei

www.hamm.de/veranstaltungen/stunikenmarkt

HERNE

Herne mittendrin – Feiern am Rathaus

13./14.9., Friedrich-Ebert-Platz, 44623 Herne, Fr/Sa 17–2 h

An zwei schönen Spätsommerabenden wird auf dem gemütlichen Platz vor dem historischen Rathaus eine aufwendige Lichtshow gestartet. Livemusik, Imbisse und Winzer mit ausgesuchten Weinen runden das Angebot ab.

Eintritt frei 02323-9190514

www.stadtmarketing-herne.de

LÜDINGHAUSEN

Lüdinghausener Stadtfest

13. bis 15.9., Innenstadt, 59348 Lüdinghausen, Fr ab 16 h, Sa ab 11 h, So 11–18 h

Das Lüdinghausener Stadtfest bietet drei Tage lang ein buntes Programm mit einem Stadtfestlauf, musikalischem Bühnenprogramm, Kinderflohmarkt und Altstadtmarkt. Am Sonntag haben die Geschäfte von 13 bis 18 Uhr geöffnet.

Eintritt frei

www.lhmarketing.de

Herne mittendrin taucht den Platz vor dem Rathaus in bunte Farben.

Publikumsrenner mit viel Sinn für Humor: das ComedyArts Festival in Moers

KLEVE
Kirmes in Rindern
13. bis 16.9., 47533 Kleve-Rindern, Fr–Mo 18–22 h
Besucher können sich auf eine Kirmes im Ortsteil Rindern freuen. Rasante Fahrgeschäfte und ein kulinarisches Angebot warten auf Sie.
Eintritt frei 02821-84806
www.kleve.de

MOERS
Internationales ComedyArts Festival Moers
13. bis 15.9., ENNI Eventhalle, Filder Straße 142, 47447 Moers, Fr–So ab 19 h
Das internationale ComedyArts Festival zeigt von beißender Satire bis zum poetischen Tanztheater alles, was das Comedy-Herz höherschlagen lässt.
Je nach Veranstaltung 02841-1692573
www.comedyarts.de

PADERBORN
Whisky, Gin & Co.
14./15.9., Neuhäuser Schlosspark, Schloss Innenhof, 33104 Paderborn, Sa 12–20 h, So 12–18 h
Besuchen Sie die Schloss Neuhäuser Spirituosenbörse und freuen Sie sich auf spannende Fachvorträge und einen regen Austausch an den Ständen. Mit Ihrem eigenen „Nosing-Glas" können Sie sich durch das breite Angebot probieren.
7 € 05251-8811092
www.schlosspark-paderborn.de

VELEN
Heimat Shoppen 2024
13./14.9., Velen und Ramsdorf, 46342 Velen, Fr/Sa 8–18 h
An diesem Wochenende locken die Einzelhändler in Velen und Ramsdorf mit verschiedenen Aktionen die Besucher in die Stadt.
Eintritt frei 02863-926216
www.velen.de

WILLICH
Streetfood Schiefbahn
13. bis 15.9., Hochstraße/Hubertusplatz, 47877 Willich-Schiefbahn, Fr 13–22 h, Sa 11–22 h, So 11–20 h
Nach der erfolgreichen Premiere in 2023 geht das Festival Streetfood Schiefbahn in die nächste Runde und wird aufgrund des großen Erfolges noch vergrößert.
Eintritt frei 02132-5102240
www.gourmetfestivals.de

ESSEN
Herbstpflanzenraritätenmarkt
14./15.9., Grugapark, Messeparkplatz 1a, 45131 Essen, Sa/So 7.30 h bis zum Einbruch der Dunkelheit

Seit 1993 präsentieren und verkaufen auf den Pflanzenraritätenmärkten im Grugapark engagierte Pflanzensammler ihre Schätze. Die Märkte haben sich zu bundesweit etablierten Veranstaltungen entwickelt, die auch Interessierte aus dem Ausland anziehen.

Regulärer Parkeintrittspreis 0201-8883111
www.grugapark.de

ESSEN
Welterbelauf Zollverein
14.9., Kokerei Zollverein, UNESCO-Welterbe Zollverein, 45141 Essen, Sa ab 12 h

Sieben Wettbewerbe stehen für die verschiedene Läufergruppen zur Auswahl. Neben dem fünf km und zehn km Lauf gibt es einen Staffellauf, eine Strecke für Walking- und Nordic-Walking, einen Jugend-, Schüler- und Bambinilauf.

ab 6 €, Bambinilauf frei
www.welterbelauf-zollverein.de

EUSKIRCHEN
LEGO- und Dampfmaschinenmodell-Tag
15.9., LVR-Industriemuseum Tuchfabrik Müller, Carl-Koenen-Straße 25b, 53881 Euskirchen, So 11–17 h

Modellbauer präsentieren ihre selbst gebauten Dampfmaschinen in Aktion. Zugleich verwandelt sich die Shedhalle der Tuchfabrik in ein bunte Lego-Landschaft mit beeindruckenden Bauten.

1 €, Kinder (bis 18) Eintritt frei
02234-9921555
https://industriemuseum.lvr.de/de/die_museen/euskirchen/tuchfabrik_mueller.html

MINDEN
Tag des Sports 2024
15.9., Nebenplatz des Weserstadions, 32423 Minden, So 11–18 h

Lokale Sportvereine präsentieren sich und laden mit abwechslungsreichen sportlichen Aktionen zum Mitmachen ein. Probieren Sie neue Sportarten aus und knüpfen Sie Kontakte.

Eintritt frei 0571-47684
www.stadtsportverband-minden.de

Das Streetfood Festival in Schiefbahn

Ein freundliches Gesicht auf dem LEGO- und Dampfmaschinenmodell-Tag

MOERS
Hochzeitsmesse auf Schloss Lauersfort
15.9., Schloss Lauersfort, 47447 Moers, So 11–18 h
Die Hochzeitsmesse zeigt Brautpaaren, wie sie ihre Traumhochzeit wahr werden lassen können. Lassen Sie sich vor traumhafter Kulisse fachkundig beraten.
Nicht bekannt 02841-8890633
www.schlosslauersfort.de/hochzeitsmesse-2024

NEUSS
Mädchenklamotte 2024
15.9., Stadthalle, Selikumer Straße 25, 41460 Neuss, So 11–16 h
Der Mädelsflohmarkt ist der richtige Ort, um gebrauchte Frauen- und Kindermode zu erwerben.
4 €, Kinder (bis 11) Eintritt frei
02151-6591774
www.maedchenklamotte.de

VREDEN
Vreden ist bunt
15.9., Kirchplatz 14, 48691 Vreden, So 11–17 h
Ein interkultureller Austausch im Vredener Stadtpark rund um das Bauerhaus. Der Park verwandelt sich mit farbenfrohen Beachstühlen in eine große Picknick-Arena.
Eintritt frei 02564-9899199
www.stadtmarketing-vreden.de

ERINNERUNG

BAD LIPPSPRINGE
Kürbisfestival unten im Meer
6.9. bis 3.10. s s. Seite 98

BONN
Beethovenfest
5.9. bis 3.10. s. Seite 98

BONN
Flohmarkt an der Rheinaue 1
4.9. s. Seite 22

BERGISCH-GLADBACH
Führung im Papiermuseum
15.9. s. Seite 23

DIVERSE ORTE IM RUHRGEBIET
Ruhrtriennale 2024
16.8. bis 15.9. s. Seite 84

COESFELD
Krammarkt
14.8. s. Seite 64

DORTMUND
City-Krimi
14.9. s. Seite 54

KÖLN
City-Krimi
15.9. s. Seite 55

MINDEN
Musikvielfalt an der Weserschleuse
5.5. bis 29.9. s. Seite 33

MÖNCHENGLADBACH
Adler-Modellspielzeugmarkt
15.9. s. Seite 50

Konzerte, Shows und Ausstellungen s. Seiten 6–13

21./22. September

AACHEN
AachenSeptemberSpecial
19. bis 22.9., Innenstadt, 52062 Aachen, Zeiten noch nicht bekannt

Familien, Musikliebhaber und Genießer können sich auf das Event in der Aachener Innenstadt freuen. Eine breite Auswahl an Attraktionen und Aktivitäten begeistern Besucher jeden Alters.

Eintritt frei 0241-93688949

www.aachenseptemberspecial.de

KAMP-LINTFORT
Herbstpartie Kloster Kamp
20. bis 22.9., Rheurdter Str. 97, 47475 Kamp-Lintfort, Fr 12–18 h, Sa/So 10–18 h

Verbringen sie einen wundervollen Tag in den Gärten des Klosters und finden Sie dabei einzigartige Waren von über 150 Ausstellern aus den verschiedensten Bereichen. Freuen Sie sich auf Klaviermusik in einem unserer liebevollen Biergärten und einen Tag fernab vom Alltag.

10 €, Kinder (bis 18) frei 02151-594535

www.renomueller.de

COUPON NR. 14

DORMAGEN
Festival Alte Musik Knechtsteden „Zwischen Welten"
21. bis 28.9., diverse Orten, 41540 Dormagen, Zeiten je nach Veranstaltung

Das Festival Alte Musik Knechtsteden präsentiert eine Woche Konzerte und Veranstaltungen mit klassischer Musik an verschiedenen Orten in Dormagen.

Nicht bekannt

www.knechtsteden.com

HAMMINKELN
Kürbisfest auf dem Hof Schäfer
21./22.9., Hof Schäfer, Borkener Straße 12, 46499 Hamminkeln, Sa/So 11–18 h

Freuen Sie sich auf ein Fest, das ganz im Zeichen des Kürbis steht.

Nicht bekannt 02856-463

www.hof-schaefer.de

DORTMUND
24. DEW21 Museumsnacht
21.9., verschiedene Orte in Dortmund, Sa 16–1 h

Jährlich öffnen die Dortmunder Museen und Kultureinrichtungen zur Museumsnacht ihre Pforten. Auf die Besucher wartet ein abwechslungsreiches Programm aus Führungen, Konzerten und Shows.

ab 5 €, Kinder (6–17) 3 € 0231-88088040

www.dortmunderdewmuseumsnacht.de

DUISBURG
Duisburg in Lack und Chrom
21./22.9., König- und Kuhstraße, 47051 Duisburg, Sa/So 11–18 h

Die Duisburger Innenstadt wird zum Mekka der Autoliebhaber und Fahrspaß-Fans. 200 Fabrikate in allen Automobilklassen werden vorgestellt, vom Oldtimer bis zum E-Auto.

Eintritt frei

www.duisburgkontor/events/lackundchrom

BEDBURG-HAU
Art of Eden Schloss Moyland
21./22.9., Schloss Moyland, Am Schloss 4, 47551 Bedburg-Hau, Sa–So 10–18 h

Über 40 Bildhauer erwarten die Besucher mit Skulpturen für den Garten. Freuen Sie sich auf Kunst und Genuss im Schlosspark mit außergewöhnlicher Gastronomie.

10 €, Kinder (bis 16) frei 0202-2832200

www.artofeden.de

COUPON NR. 15

KEVELAER
Sofa-Konzert im Solegarten
21.9., Solegarten St. Jakob, Hüls 17, 47623 Kevelaer, Sa 18–22 h

Ein besonderes Konzert im Gradierwerk im Solegarten. In Zusammenarbeit mit der Rockschule Hamminkeln präsentieren mehrere Künstler unterschiedlichster Genres ihre Musik auf dem roten Sofa.

Eintritt frei 02832-122991

www.kevelaer-marketing.de

Das Dortmunder U strahlt in der Museumsnacht.

KLEVE

Kirmes in Keeken

21. bis 23.9., Düffelgaustraße, 47533 Kleve-Keeken, Sa–Mo 18–22 h

Besucher können sich auf eine Kirmes im Ortsteil Keeken freuen. Lassen Sie sich mitreißen von rasanten Fahrgeschäften und genießen Sie das kulinarische Angebot.

Eintritt frei 02821-976364
www.schuetzenverein-keeken.de

LIPPSTADT

Apfelfest in Bad Waldliesborn

21./22.9., Haus des Gastes, 59556 Lippstadt, Sa/So 11–18 h

Zwei Tage dreht sich in Waldliesborn alles um den Apfel. Lernen Sie alte Apfelsorten kennen, entdecken Sie Leckereien und Getränke aus Äpfeln oder machen sie eine Obstbaumführung. Livemusik und ein Kunsthandwerkermarkt runden das Programm ab.

Eintritt frei 02941-948800
www.lippstadt.de

ESSEN

26. Kunstspur. Offene Ateliers

21./22.9., weitere Termine: 28./29.9., verschiedene Orte, 45127 Essen, Sa/So 14–19 h

Essener Künstler öffnen ihre Ateliers und Ateliergemeinschaft für das Publikum, erst im Essener Süden, eine Woche später im Essener Norden. Ein breites Spektrum von Arbeiten verspricht abwechslungsreiche Blicke hinter die Kulissen der Ateliers.

Eintritt frei
www.essen.de/kunstspur

Bei der Kunstspur werden die Ateliers Essens geöffnet.

NEUSS

Hansefest Neuss

21./22.9., Innenstadt Neuss, 41460 Neuss, Sa 11–19 h, So 11–18.30 h

Die Neusser Innenstadt erstrahlt in hanseatischem Glanz. Entdecken Sie verschiedene Hansestädte und lassen Sie sich von dem vielseitigen Bühnenprogramm unterhalten.

Eintritt frei 02131-4037795
www.neuss-marketing.de/hansefest-neuss

WEEZE

Mud Masters Airport Weeze

21./22.9., Baaler Straße (nicht Haupteingang Airport), 47652 Weeze, Sa/So 8–18 h

Ein rauer Hindernisparcour am Airport Weeze mit verschiedenen Streckenlängen und Schwierigkeitsgraden erwartet die Teilnehmer.

Zuschauer 10 €
www.mudmasters.de/event/airport-weeze-2024/

WESEL

Kulturnacht in Wesel

21.9., Innenstadt, 46483 Wesel, Zeiten noch nicht bekannt

Freuen Sie sich auf spannende Blicke hinter die Kulissen der Kulturschaffenden und ein abwechslungsreiches Rahmenprogramm.

Eintritt frei 0281-2032650
www.weselmarketing.de

ESSEN

Weltkindertag

22.9., Grugapark, Messeplatz 1a, 45131 Essen, So 7.30 h bis zum Einbruch der Dunkelheit

Im Grugapark Essen heißt es wieder für alle Familien: raus aus dem Zimmer, ab auf die Wiese! Ein abwechslungsreiches Programm mit Angeboten aus Spiel, Spaß und Sport. Es gibt viel zu entdecken.

Regulärer Parkeintrittspreis 0201-8883111
www.grugapark.de

Spiel und Spaß beim Weltkindertag in Mülheim

GEILENKIRCHEN
„Living History – aus der Zeit gefallen"
22.9., Marktplatz, 52511 Geilenkirchen, So 14–15.30 h
Tauchen Sie ein in lebendige Geschichte, wenn Ihre Gästeführerin in die Rolle einer historischen Person schlüpft und Ihnen so Geschichte näher bringt. Eine Anmeldung im Voraus ist erforderlich.
12 € 0172-2179607
www.westblicke.de

Sa, 20.9.
Weltkindertag
Mit dem diesjährigen Motto „Mit Kinderrechten in die Zukunft" rufen UNICEF Deutschland und das Deutsche Kinderhilfswerk dazu auf, Kindern und Jugendlichen bessere Chancen für eine gesellschaftliche Beteiligung zu eröffnen. In vielen Städten werden unsere Kinder auch durch Feiern, Aktionen, Spiel und Spaß geehrt.
Info-Website: **www.weltkindertag.de**

MÜLHEIM AN DER RUHR
Weltkindertag
22.9., Am Schloß Broich 28, 45479 Mülheim an der Ruhr, So 12–17 h
Die riesige grüne Spielwiese lädt zum Toben, Spielen und Spaß haben ein. Informationen, Mitmachaktionen und kleine Überraschungen erwarten die Besucher.
Eintritt frei 0208-960960
www.mein-muelheim.de

NEUSS
Mami und Mini – der Kinderflohmarkt
22.9., Stadthalle, Selikumer Straße 25, 41460 Neuss, So 11–16 h
Wenn Sie nach Baby- und Kinderbedarf suchen, sind Sie auf diesem Kinderflohmarkt genau richtig.
4 €, Kinder (bis 11) Eintritt frei
0215l-6591733
www.mami-mini.com

ERINNERUNG

BAD LIPPSPRINGE
Kürbisfestival unten im Meer
6.9. bis 3.10. s. Seite 98

BONN
Beethovenfest
5.9. bis 3.10. s. Seite 98

MINDEN
Musikvielfalt an der Weserschleuse
5.5. bis 29.9. s. Seite 33

MÖNCHENGLADBACH
Trödelmarkt Eicken
22.9. s. Seite 19

MOERS
Trödel in der City
22.9. s. Seite 44

MÜNSTER
Flohmarkt
17.8. s. Seite 39

MÜNSTER
City-Krimi
21.9. s. Seite 64

TROISDORF
Adler-Modellspielzeugmarkt
22.9. s. Seite 29

Konzerte, Shows und Ausstellungen s. Seiten 6–13

VELBERT
Velberter Schlangenfest
22.9., Innenstadt Velbert-Mitte, 42551 Velbert, So 11–18 h
Ein kostenloses Kinderparadies mit zahlreichen Mitmachaktionen, Vorführungen und Liveprogramm.
Eintritt frei 02051-262486
www.stadtmarketing.velbert.de/events

28./29. September

SOEST
ProBierBar
26. bis 28.9., Marktplatz, 59494 Soest, Do 17–23 h, Fr/Sa 15–23 h

Eine Entdeckungsreise durch die Welt der Biere. Für drei Euro Spende bekommen sie ein spezielles Probierglas, das gleichzeitig als Souvenir gedacht ist. Street-Food-Stände runden das Programm ab.

3 € 02921-1036202
www.so-ist-soest.de

ESSEN
Essen Light Festival
27.9. bis 6.10., Essener Innenstadt, 45127 Essen, ab Einbruch der Dunkelheit

Spektaktuläre Lichtinstallationen von nationalen und internationalen Künstlern. Die Besucher kommen in den Genuss von beeindruckenden Videomappings und Lightshows.

Eintritt frei 0201-887200
www.visitessen.de/essenlightfestival

EMSDETTEN
Emsdettener September
27. bis 29.9., Innenstadt, 48282 Emsdetten, Zeiten noch nicht bekannt

Mit drei Bühnen und einem abwechslungsreichen Programm lockt das Stadtfest in die Innenstadt von Emsdetten. Begleitet wird das Fest von einem verkaufsoffenen Sonntag.

Eintritt frei 02572-93070
www.vvemsdetten.de

KREFELD
Herbstkirmes
27.9. bis 6.10., Sprödentalplatz, 47799 Krefeld, Zeiten noch nicht bekannt

Die Besucher der Herbstkirmes erwartet ein buntes Kirmestreiben. Freuen Sie sich auf spaßige Fahrgeschäfte und genießen Sie das kulinarische Angebot.

Eintritt frei 02151-860
www.krefeld.de

MINDEN
Hopfen & Malz
27. bis 29.9., Innenstadt, 32423 Minden, Zeiten noch nicht bekannt

Das Hopfen und Malz Bierfestival in Minden dreht sich ein Wochenende lang um des Deutschen liebstes alkoholisches Getränk. Der Sonntag ist verkaufsoffen.

Nicht bekannt 0571-8889227
www.minden-city.de

Beeindruckende Lichtspiele beim Light Festival in Essen

Großes Zechenfest auf Zollverein in Essen

ESSEN
Großes Zechenfest
28.9., UNESCO-Welterbe Zollverein, Gelsenkirchener Straße 181, 45309 Essen, Zeiten noch nicht bekannt

Beim Zechenfest treffen sich Menschen aus den ganzen Ruhrgebiet zum Feiern. Auf mehreren Bühnen werden Konzerte, Tanz- und Showeinlagen geboten. Zahlreiche Ausstellungen, Fühungen und Mitmachangebote sind kostenfrei zugänglich.

Eintritt frei 0201-246810
www.zollverein.de/zechenfest

AACHEN
Aachener Kunstroute 2024
28./29.9., diverse Orte, 52062 Aachen, Sa/So 11–18 h

Entdecken Sie die Aachener Kunstroute mit 50 verschiedenen Kunstorten und über 300 Künstlern. Von Museen über Kunstvereine bis zu Galerien und Künstlergruppen – die Vielfalt erstreckt sich über alle Kunsttechniken und bietet ein facettenreiches Erlebnis für Kunstliebhaber.

Eintritt frei
www.aachenerkunstroute.de

EMSDETTEN
Innenstadtflohmarkt
28.9., Innenstadt, 48282 Emsdetten, Sa 10–15 h

Parallel zum Emsdetter September findet der Innenstadtflohmarkt statt. Freuen Sie sich auf einen Trödel mit ungeahnten Fundstücken.

Eintritt frei 02572-93070
www.vvemsdetten.de

RECKLINGHAUSEN
Recklinghäuser Musiknacht
28.9., Innenstadt Recklinghausen, 45657 Recklinghausen, Sa 20–1 h

In vielen Bars und Restaurants in Recklinghausens Innenstadt spielen Bands unterschiedlichster Musikfarben. Von Zuhören bis Abfeiern, für jede Stimmung ist etwas dabei.

15 € 02361-901122
www.musiknacht-re.de

GÜTERSLOH
Michaeliswoche
28.9. bis 6.10., Innenstadt, 33330 Gütersloh, Zeiten noch nicht bekannt

Die Michaeliswoche hat viel zu bieten. Auf dem Marktplatz geht es bei der Kirmes rund, ein Kindermusikfestival lädt in den Mohns Park ein und in der Innenstadt gibt es auch ein abwechslungsreiches Showprogramm.

Nicht bekannt 05241-211360
www.guetersloh-marketing.de

BERGISCH-GLADBACH
Chorkonzert mit Mendelsohns Lobgesang
29.9., St. Nikolauskirche, Nikolausstraße 7, 51429 Bergisch-Gladbach-Bensberg, Zeiten noch nicht bekannt

Der Chor gibt ein großes Chorkonzert mit Mendelssohns 2. Sinfonie („Lobgesang“) anlässlich der Wiedereröffnung der renovierten Nikolauskirche.

Nicht bekannt 02204-52424
www.nikolaus-und-joseph.de

28./29. September

WUPPERTAL

Umweltschutz mit Geschmack

28.9., Station Natur und Umwelt, Jägerhofstraße 229, 42349 Wuppertal, Sa 14–18 h

Die Station Natur und Umwelt bietet ein umfangreiches Programm zum Thema umweltfreundlicher Konsum an. Für das leibliche Wohl ist auch gesorgt.

Eintritt frei 0202-5636291
www.stnu.de

COESFELD

Coesfeld trifft Wirtschaft 2024

29.9., Innenstadt, 48653 Coesfeld, So 10–18 h

Beim Coesfelder Gewerbetag präsentieren sich Unternehmen aus der Stadt in der Innenstadt und gewähren einen Blick hinter die Kulissen.

Eintritt frei 02541-9390
www.coesfeld.de

ERKELENZ

Kulinarischer Treff

29.9., Innenstadt, 41812 Erkelenz, So 12–19 h

Der kulinarische Treff lockt mit einem vielfältigen gastronomischen Angebot. Begleitet wird das bunte Treiben von einem verkaufsoffenen Sonntag.

Nicht bekannt 02431-2544
www.gewerbering-erkelenz.de

MINDEN

Kartoffelmarkt Stemmer

29.9., Stemmer Landstraße, 32425 Minden, So 10–18 h

Nach vier Jahren Pause ist der Stemmer-Kartoffelmarkt endlich wieder zurück. Besucher können sich auf eine breite Auswahl an Kartoffelprodukten, Livemusik und einen Flohmarkt freuen.

Eintritt frei 0571-9424637
www.stemmer-live.de/kartoffelmarkt

WESEL

The Lower Rhine – Poetry Slam

29.9., Scala Kulturspielhaus, Wilhelmstraße 8-10, 46483 Wesel, So 18.30–22 h

Die Poetry Slam-Veranstaltung lädt ein mit buntem und vielfältigem Programm. Die Besonderheit: Eine spontan ausgewählte Jury von Leuten entscheidet, wer von den teilnehmenden Slammern in die nächste Runde kommt.

VVK 12 € 0176-80176380
www.scala-kulturspielhaus.de

RAESFELD

Bauernmarkt Hof Stegerhoff

29.9., Hof Stegerhoff, Marienthaler Straße 44, 46348 Raesfeld, So 11–18 h

Erleben sie den großen Bauernmarkt auf dem Hof Stegerhoff und entdecken Sie ein breites Angebot vom Kürbis bis zum frisch gebackenen Brot. Für Kinder gibt es eine Schatzsuche im Heu.

Eintritt frei 02865-315
www.stegerhoff.de

ERINNERUNG

AACHEN
Adler-Modellspielzeugmarkt
29.9. s. Seite 44

BAD LIPPSPRINGE
Kürbisfestival unten im Meer
6.9. bis 3.10. s. Seite 98

BONN
Beethovenfest
5.9. bis 3.10. s. Seite 98

DORMAGEN
Festival Alte Musik Knechtsteden
21. bis 28.9. s. Seite 108

ESSEN
26. Kunstspur. Offene Ateliers
28./29.9. s. Seite 109

MINDEN
Musikvielfalt an der Weserschleuse
5.5. bis 29.9. s. Seite 33

NEUSS
Markt mit Musik
28.9. s. Seite 57

Konzerte, Shows und Ausstellungen s. Seiten 6–13

Bunter Spaß auf der SPIEL in Essen

DORSTEN
IndianSummer Schloss Lembeck
3. bis 6.10., Schloss Lembeck, Schloss 1, 46286 Dorsten-Lembeck, Do–So 10–18 h
Entdecken Sie Inspirationen für Garten, Kunst und Wohnen mit 130 Ausstellern auf dem historischen Parkgelände.
12,50 €, Kinder (bis 16) frei 0202-2832200
www.kunstmarkt.net

COUPON NR. 16

ESSEN
SPIEL Essen
3.10. bis 6.10., Messe Essen, Messeplatz 1, 45131 Essen, Do–Sa 10–19 h, So 10–18 h
Auf der weltweit größten Publikumsmesse für Brettspiele präsentieren rund 1.000 Aussteller ihre Neuheiten und bitten zum Ausprobieren und Einkaufen.
Nicht bekannt
www.spiel-essen.de

ESSEN
Essen erntet
3. bis 6.10, Grugapark, Messeparkplatz 1a, 45131 Essen, Do–So 11–18 h
An der Orangerie und den Farbenterassen im Grugapark gibt es Tiere vom Bauernhof, riesige Strohpuppen und Einblicke in Natur, Fischerei, Wald, Garten- und Pflanzenwelt.
Regulärer Parkeintrittspreis 0201-8883111
www.grugapark.de

GEILENKIRCHEN
Herbstpartie Burg Trips
3. bis 6.10., Tripser Weg 11, 52511 Geilenkirchen, Do–So 10–18 h
In der Burg mit mittelalterlichem Charakter bieten über 100 ausgewählte Aussteller ein breites Repertoire an hochwertigen Waren von Kunst bis Mode.
10 €, Kinder (bis 18) Eintritt frei
02151-594535
www.renomueller.de

COUPON NR. 17

MOERS
Moerser Herbst
6.10., Innenstadt, 47441 Moers, So 12–18 h
Ein Stadtfest mit verkaufsoffenem Sonntag in der gesamten Moerser Innenstadt.
Eintritt frei 02841-882260

HATTINGEN
Hattinger Herbstmarkt und Panhasfest
3. bis 6.10., Innenstadt, 45525 Hattingen
Fr 12–20 h, Sa 11–20 h, So 11–18 h

Den goldenen Herbst begrüßt man in Hattingen mit dem Herbstmarkt. Ein Höhepunkt dabei ist der Markt „Kunst und Co." Der Sonntag ist verkaufsoffen.

Eintritt frei
www.hattingen-tourismus.de

MOERS
Cars & Castle
3.10., Schloss Lauersfort, Lauersforter Straße 36, 47447 Moers, Do 10–18 h

Freuen Sie sich auf Oldtimer vor einer historischen Schlosskulisse. Tauschen Sie sich über Autos aus und besichtigen Sie die Schlossräume.

7 €, erm. 3 €, Kinder (bis 6) Eintritt frei
02841-8890633
www.schlosslauersfort.de/cars-castle-moers-2024

ERKELENZ
25. Bauernmarkt
5./6.10., Haus Hohenbusch, 41812 Erkelenz, Zeiten noch nicht bekannt

An zahlreichen Ständen werden landwirtschaftliche Erzeugnisse, Gartenbauprodukte und Handwerksartikel präsentiert. Auch für die kleinen Besucher gibt es ein vielfältiges Programm.

Nicht bekannt 0152-08604013
www.bauernmarkt-hohenbusch.de

DÜLMEN
Viktorkirmes
4. bis 7.10., Innenstadt, 48249 Dülmen,
Fr 15–24 h, Sa 14–24 h, So 11–22 h, Mo 14–22 h

Freuen Sie sich auf eine Kirmes mit rund 70 Schaustellern, die eine Vielfalt an Buden und Fahrgeschäften bieten. Ein Krammarkt und verkaufsoffener Sonntag runden das Erlebnis ab.

Eintritt frei

DETMOLD
Residenzfest
5./6.10., Detmolder Residenz, 32756 Detmold, Zeiten noch nicht bekannt

In der einladenden Kulisse der Detmolder Residenz lädt das Stadtfest zum Verweilen ein. Am Samstag erwartet die Besucher ein Flohmarkt, am Sonntag haben die Geschäfte geöffnet.

Nicht bekannt 05231-938522
www.die-haendler-detmold.de

Inspirationen für Garten, Kunst und Wohnen auf Schloss Lembeck

5./6. Oktober

Ein Reitsportevent mit großem Markt auf Burg Satzvey

MECHERNICH
Herbst- und Reitermarkt

5./6.10., Burg Satzvey, An der Burg 3, 53894 Satzvey, Sa/So 11–18 h

Besucher können sich auf ein Reitsportevent mit großem Markt freuen, auf dem regionale Händler saisonale Produkte anbieten.
VVK ab 10 €, erm. ab 7 €, Kinder (bis 4) Eintritt frei 02256-95830
www.burgsatzvey.de/veranstaltungen

STEINFURT
Erntedankmarkt

6.10., 48565 Steinfurt-Burgsteinfurt, Zeiten noch nicht bekannt

Auf einem bunten Markt wird ein abwechslungsreiches Programm geboten. Besucher können sich auf Musik, Karussells und ein gastronomisches Angebot freuen.
Eintritt frei 02551-186900
www.steinfurt-touristik.de

LINDLAR
Obstwiesenfest

6.10., LVR-Freilichtmuseum Lindlar, Heiligenhoven 16a, 51789 Lindlar, So 10–18 h

Die Besucher erwartet eine große Obstsortenschau, eine Vielzahl an Handwerksvorführungen und ein Markt mit vielen regionalen Produkten. Bringen Sie Obst aus eigener Ernte mit, um es zu Saft zu verarbeiten.
9 €, Kinder Eintritt frei 02234-9921555
www.freilichtmuseum-lindlar.lvr.de

ERINNERUNG

BAD LIPPSPRINGE
Kürbisfestival unten im Meer
6.9. bis 3.10. s. Seite 98

BONN
Beethovenfest
5.9. bis 3.10. s. Seite 98

ESSEN
Light Festival
27.9. bis 3.10. s. Seite 112

DÜSSELDORF
Düsseldorfer Fischmarkt
6.10. s. Seite 19

DUISBURG
Duisburger Spätschicht
2.10. s. Seite 30

GÜTERSLOH
Michaeliswoche
28.9. bis 6.10. s. Seite113

KREFELD
Herbstkirmes
27.9. bis 6.10. s. Seite 112

MÖNCHENGLADBACH
Trödelmarkt Eicken
6.10. s. Seite 19
Mädchen Klamotte
6.10. s. Seite 33

NEUSS
Adler-Modellspielzeugmarkt
6.10. s. Seite 27

Konzerte, Shows und Ausstellungen s. Seiten 6–13

ESSEN
Vier Cembali und ein Streicher
11.10., Schloß Borbeck, Schloßstraße 101, 45355 Essen, Fr ab 19 h
Vier Cembali und ein Streicher – das ist nur sehr selten zu hören. Dabei gelten Bachs Cembalokonzerte als die ersten Klavierkonzerte der Musikgeschichte.
25 €, Kinder (bis 15) frei

COUPON NR. 18

LEVERKUSEN
Leverkusener Kunstnacht
11.10., diverse Orte, 51373 Leverkusen, Fr ab 18 h
Jedes Jahr wird Leverkusen zur Kunstmeile. In verschiedenen Kunst- und Kulturstätten im Stadtgebiet können Sie Bildende Kunst erleben und bestaunen.
Eintritt frei 0214-4064141
www.lust-auf-leverkusen.de/kunstnacht

MÖNCHENGLADBACH
Rocktoberfest
12.10., Red Box Mönchengladbach, Am Nordpark 299, 41069 Mönchengladbach, Sa ab 20 h
Beim Rocktoberfest heißt es „O'zapft is"! Das Fest bietet traditionelle Oktoberfest-Stimmung. Die beliebte Band Booster tritt als Hauptact auf.
ab 31,50 €
www.redbox-mg.de/rocktoberfest

DETMOLD
Drachenfest
13.10., Hangar 21, 32756 Detmold
Zeiten noch nicht bekannt
Das Drachenfest ist ein Spaß für die ganze Familie. Erhofft sind blauer Himmel und gute Windbedingungen, um die Drachen hoch hinaus zu schicken.
Nicht bekannt 05231-9770
www.detmold.de

VREDEN
Hamalandtag „Herbstgeflüster“
13.10., Marktplatz und Innenstadt, 48691 Vreden, So 11–18 h
Freuen Sie sich auf einen bunten Markt, Kofferraumverkauf, einen Tag der offenen Tür der Feuerwehr und die ADAC Classic Tour. Ein Familienevent der besonderen Art.
Eintritt frei 02564-9899199
www.stadtmarketing-vreden.de

ESSEN
Westenergie-Marathon
13.10., Freiherr-vom-Stein-Straße 206c, 45133 Essen, So ab 9.45 h
Die Traditionsveranstaltung bietet einen Marathon entlang des Ufers des Baldeneysees an. Man kann sich auch mit der rund 18 Kilometer langen Seerunde begnügen.
ab 20 € 0151-11061440
www.westenergie-marathon.de

GELDERN
Herbst- und Kartoffelmarkt in Pont
13.10., Ortschaft Pont, 47608 Geldern, So 10–17 h
Anbieter präsentieren ihre vielfältige Ware. Ein Höhepunkt im Programm ist die Kür des Kartoffelkönigs oder der Kartoffelkönigin für das Abliefern der schwersten Kartoffel.
Nicht bekannt 02831-89750
www.geldern.de

KALKAR
Herbstmarkt mit Büchermarkt
13.10., Marktplatz, 47546 Kalkar, So 11–18 h
Stöbern Sie bei gemütlicher Atmosphäre durch das vielseitige Angebot von Trödel bis zu Bücherschätzen. Begleitet wird der Markt von einem verkaufsoffenen Sonntag.
Eintritt frei
www.kalkar-aktiv.com/events

ERINNERUNG

NEUSS
Oldtimerbahnfahrt
12.10. s. Seite 83

BOCHOLT
Herbstkirmes
18. bis 21.10., Innenstadt, 46399 Bocholt
Als eines der größten Volksfeste im Münsterland verteilt sich die Bocholter Kirmes in der gesamten Innenstadt und lockt jährlich etwa 500.000 Besucher an. Die Kirmes bietet mit mehr als 320 Schaustellern ein buntes Programm an modernen und rasanten, aber auch kindergerechten Fahrgeschäften an.
Eintritt frei
www.bocholt.de/kirmes

KREFELD
Krefelder Herbstzauber
18. bis 20.10., An der Rennbahn 4, 47800 Krefeld, Fr 12–18 h, Sa/So 10–18 h
Über 160 Aussteller halten ein herbstliches Repertoire an kulinarischen Genüssen, Dekorationen, Möbeln, Kunst, Schmuck und Mode für Sie bereit. Ein umfangreiches Rahmenprogramm für die ganze Familie rundet den Herbstzauber stimmungsvoll ab.
10 €, Kinder (bis 18) frei 02151-594535
www.renomueller.de

COUPON NR. 19

ERKELENZ
Französischer Markt
18. bis 20.10., Innenstadt, 41812 Erkelenz, Fr ab 9 h, Sa 10–19 h, So 11–18 h
Auf dem französischen Markt in Erkelenz werden ein ganzes Wochenende lang französische Spezialitäten angeboten.
Eintritt frei
www.gewerbering-erkelenz.de

LIPPSTADT
Lippstädter Herbstwoche
19. bis 27.10., Innenstadt, 59557 Lippstadt, Mo–Sa ab 14 h, So ab 12 h
Eine große Innenstadtkirmes und ein umfangreiches Unterhaltungsprogramm mit Höhenfeuerwerk, Happy Hour, Lampionfahrt und Wasserorgel. Das Fest wird begleitet von einem verkaufsoffenen Sonntag.
Eintritt frei 02941-58515
www.lippstadt.de

NEUSS
Messe NeussKreativ 2024
19./20.10., Stadthalle, Selikumer Straße 25, 41460 Neuss, Sa 10–18 h, So 10–17 h
Eine Vielzahl an Ausstellern präsentiert Produkte, Ideen und Materialien. Möglichkeiten zum Mitmachen gibt es bei unterschiedlichen Workshops.
7 €, erm. 6 €, Kinder (bis 7) Eintritt frei
0228-94731668
www.kreativmesse.online/neusskreativmesse

PADERBORN
Herbstlibori
19. bis 27.10., Liboriberg, 33098 Paderborn, Zeiten noch nicht bekannt
Eine Mischung aus Kirmes und Stadtfest zum Abschluss der Paderborner Kirmessaison.
Eintritt frei 05251-880
www.paderborn.de

LINDLAR
Kartoffelfest
20.10., LVR-Freilichtmuseum Lindlar, Heiligenhoven 16a, 51789 Lindlar, So 10–18 h
Freuen Sie sich auf kulinarische Leckerbissen aus Kartoffeln und Ausstellungen über verschiedene Kartoffelsorten.
9 €, Kinder Eintritt frei 02234-9921555
www.freilichtmuseum-lindlar.lvr.de

ERINNERUNG

BONN
Flohmarkt an der Rheinaue
19.10. s. Seite 22

LANGENFELD
Adler-Modellspielzeugmarkt
20.10. s. Seite 21

BERGISCH-GLADBACH
Führung im Papiermuseum
20.10. s. Seite 23

Fliegende Frösche
facebook

BAD HONNEF

Martini Markt

23. bis 27.10., Innenstadt, 53604 Bad Honnef, Zeiten noch nicht bekannt

Der traditionelle Herbstmarkt direkt im Herzen Bad Honnefs sorgt für eine warme und gemütliche Stimmung. Freuen Sie sich auf eine Vielzahl von Kunsthandwerkern sowie Gourmet- und Feinkostständen.

Eintritt frei

www.innenstadt-bad-honnef.de

VELBERT

Velberter Lichter

25.10., Innenstadt Velbert-Mitte, 42551 Velbert, Fr ab 17 h

Es erwarten Sie farbenfrohe Lichtereffekte, ein buntes Bühnenprogramm und Shopping bis 21 Uhr. Für das leibliche Wohl ist auch gesorgt.

Eintritt frei 02051-262486

www.stadtmarketing.velbert.de/events

BERGKAMEN

22. GWS-Lichtermarkt

25.10., Alfred-Gleisner-Platz, Am Stadtmarkt 1, 59192 Bergkamen, Fr 17–23 h

Der Lichtermarkt beeindruckt mit faszinierenden Walkingacts, Lichtilluminationen und Livemusik, die eine festliche Atmosphäre schaffen. Genießen Sie zudem ein vielfältiges gastronomisches Angebot sowie Kunsthandwerk und erleben Sie erstklassige Acts am Marktdach und in der Kirche.

Eintritt frei 02307-9650

www.bergkamen.de/kultur-tourismus-sport-events/veranstaltungen

RECKLINGHAUSEN

Recklinghausen leuchtet

25.10. bis 10.11., Altstadt, 45657 Recklinghausen, täglich ab 18 h

Im Herbst verwandelt sich Recklinghausen in ein buntes Lichtermeer. Verschiedene Gebäude der Altstadt werden stimmungsvoll beleuchtet und verzaubern Besucher bei einem Spaziergang durch die Stadt. Ein Höhepunkt ist die Lichtshow, die täglich an der Fassade des Rathauses stattfindet.

Eintritt frei 02361-8901490

www.re-leuchtet.de

WESEL

Historisches Hansefest Wesel

25. bis 27.10., Innenstadt und Berliner Tor, 46483 Wesel, Fr 14–18 h, Sa 10–19 h, So 11–18 h

Recklinghausen leuchtet in bunten Farben.

Die Essener Lichtwochen bringen die Augen zum Leuchten.

Freuen Sie sich auf einen historischen Bauern- und Mittelaltermarkt und eine Hansemeile in der Weseler Innenstadt.
Eintritt frei 0281-2032622
www.wesel-tourismus.de

SOLINGEN
Basar der Kunsthandwerker
25.10. bis 3.11., Schloss Burg, Schlossplatz 2, 42659 Solingen, täglich 11–18 h
Der Basar der Kunsthandwerker bietet hochwertige Waren an. Das kulinarische Angebot lädt zum Genießen ein.
Nicht bekannt 0212-2422626
www.schlossburg.de

MECHERNICH
Halloween
26.10., weiterer Termin: 31.10., Burg Satzvey, An der Burg, 53894 Satzvey, Sa/Do 15–24 h
Besucher werden erwartet von schaurigen Walking-Acts, einem Musikprogramm mit Livebands und After Party am Abend. Am Nachmittag gibt es Kinderprogramm.
VVK ab 22 €, erm. ab 19 €, Kinder (4–12) 15 €
02256-95830
www.burgsatzvey.de/veranstaltungen

Fröhliches Musizieren auf dem Hansefest in Wesel

MÜNSTER
Herbstsend
26.10. bis 3.11., Schlossplatz, 48143 Münster, Zeiten noch nicht bekannt
Bis zu 200 Schaustellerbetriebe finden sich auf dem Schlossplatz nahe der Innenstadt ein – mit Hightech-Hochfahrgeschäften für Abenteuerlustige, den klassischen Fahrgeschäften wie Riesenrad, Autoscooter und Karussells, Belustigungsgeschäften und Geisterbahnen, nostalgischen oder auch supermodernen Schaugeschäften und vielen gastronomischen Betrieben.
Eintritt frei

26./27. Oktober

NEUSS
Kürbisfest
26.10., Innenstadt Neuss, 41460 Neuss, Sa 11–17 h

Am Konvent entsteht eine Strohballenlandschaft mit 1.000 Kürbissen. Unter Anleitung können Sie Halloween-Kürbisse schnitzen.

Eintritt frei 02131-4037795
www.neuss-marketing.de

ESSEN
Essener Lichtwochen
27.10. bis 4.1.2025, Essener Innenstadt, 45127 Essen, täglich ab Einbruch der Dunkelheit

Sie sind eine lieb gewonnene Tradition, die bei kleinen wie großen Besuchern leuchtende Augen hervorzaubert: die Essener Lichtwochen. Seit über 70 Jahren überziehen die stimmungsvollen Lichtelemente die Essener Innenstadt mit einem prachtvollen Glanz. Ein Highlight ist der Tierpark aus Licht, mit großen illuminierten Tieren von allen Kontinenten dieser Erde.

Eintritt frei 0207-887200
www.visitessen.de/lichtwochen

ERINNERUNG

LIPPSTADT
Lippstädter Herbstwoche
19. bis 27.10. s. Seite 120

PADERBORN
Herbstlibori
19. Bis 27.10. s. Seite 120

Konzerte, Shows und Ausstellungen s. Seiten 6–13

DUISBURG
Fackelführung extra scharf!
27.10., weiterer Termin: 17.11., Landschaftspark Duisburg-Nord, Emscherstraße 71, 47137 Duisburg, So ab 18 h

An ausgewählten Terminen bietet der Landschaftspark seine beliebten Fackelführungen mit anschließendem Currywurstessen, selbstverständlich mit einem Pils dazu.

26,50 € 0203-4291919
www.tour-de-ruhr.de

Eine stimmungsvolle Fackelführung durch den Landschaftspark Duisburg-Nord

WARHAMMER
HAUS AM THEATER

GELSENKIRCHEN

Halloween

31.10./1.11., ZOOM Erlebniswelt, Bleckstraße 64, 45889 Gelsenkirchen, Do/Fr 18–22 h

Erleben sie die ZOOM Erlebniswelt bei Nacht von ihrer schaurigen Seite mit unheimlichen Gruselkulissen und zauberhaft beleuchteten Erlebniswelten.

Nicht bekannt 0209-95450
www.zoom-erlebniswelt.de

GÜTERSLOH

Güterslohser Herbst

2./3.11., Innenstadt, 33330 Gütersloh, Zeiten noch nicht bekannt

Der Güterslohser Herbst lädt zum Verweilen in die Innenstadt ein.

Nicht bekannt 05241-821
www.guetersloh.de

HERNE

KUBOSHOW

2./3.11., Flottmann-Hallen, Straße des Bohrhammers 5, 44625 Herne, Sa/So 10–18 h

Eine Leistungsschau der jungen akademischen und professionellen Kunstszene. Künstler aus dem In- und Ausland zeigen hochwertige, zeitgemäße und klassische Arbeiten.

Eintritt frei 0178-7979720
www.kuboshow.de

MÖNCHENGLADBACH

Singe, danze un' fiere

2.11., Red Box Mönchengladbach, Am Nordpark 299, 41069 Mönchengladbach, Sa ab 19.11 h

Bereiten Sie sich auf die Karnevalssession vor und feiern Sie mit Livemusik.

ab 39 €
www.redbox-mg.de/die-karneval-warm-up-party

MINDEN

Herbstmesse

2. bis 10.11.,Kanzlers Weide, 32423 Minden, Mo–Do 15–22 h, Fr 15–23 h, Sa 14–23 h, So 14–22 h

Freuen Sie sich auf jede Menge Fahrspaß, Grusel und Unterhaltung am Weserufer. Mittwochs erwarten Sie am Familientag viele besondere Programmpunkte. Höhepunkt der Mindener Messe ist das Feuerwerk am Freitag.

Eintritt frei 0571-8290659
www.minden-erleben.de

UNNA

Katharinenkirmes

31.10. bis 4.11., Innenstadt, Bahnhofstraße, 59423 Unna, Do–Mo 14–22 h, Fr 18–22 h

Herbstlich-bunt und damit genau passend zur Jahreszeit präsentiert sich jedes Jahr die Katharinenkirmes in Unna. Von der Bahnhofstraße bis zum Busbahnhof stehen die rasanten Fahrgeschäfte, gemütliche Karussells für Groß

Hochwertige Kunst bei der KUBOSHOW in Herne

und Klein, Losbuden, Imbissstände und viele weitere Angebote. Bei dem abwechslungsreichen Programm kommt jeder auf seine Kosten.
Eintritt frei 02303-9680520
www.unna-marketing.de

Schöne Dinge gibt's auf dem Kürbisfest in Duisburg.

DUISBURG
Duisburger Kürbisfest
3.11., Innenstadt, 47051 Duisburg, So 11–18 h
Ein buntes Rahmenprogramm rund um den Kürbis. Freuen Sie sich auf einen Bauernmarkt, Walking Acts und ein großes Mitmach- und Programmangebot für Kinder.
Eintritt frei
www.duisburgkontor.de/events/kuerbisfest

NEUSS
Weinmesse Neuss
2./3.11., Rennbahnpark, Am Rennbahnpark 1, 41460 Neuss, Sa 11–19 h, So 12–18 h
Weinliebhaber und Interessierte können sich auf ein ganzes Messewochenende freuen, das sich dem Rebensaft widmet.
5 € 02137-928488
www.wein-on-tour.de

RAESFELD
38. Historischer Kappesmarkt
2.11., Zum Michael 26, 46348 Raesfeld, Sa/So 11–18 h
Auf dem historischen Kappesmarkt gibt es ein breites Angebot vieler regionaler Produkte und kulinarischer Leckereien.
Eintritt frei 02865-955250
www.ortsmarketing.raesfeld.de

LÜDINGHAUSEN
Kartoffelfest
3.11., Innenstadt, 59348 Lüdinghausen, So 11–18 h
Ein Herbstfest mit großem Altstadtmarkt und einem buntem Programm für Groß und Klein. Begleitet wird das Fest von einem verkaufsoffenen Sonntag.
Eintritt frei
www.lhmarketing.de

ERINNERUNG

DÜSSELDORF
Düsseldorfer Fischmarkt
3.11. s. Seite 19

ESSEN
Essener Lichtwochen
27.10. bis 4.1.25 s. Seite 126

KÖLN
Adler-Modellspielzeugmarkt
3.11. s. Seite 42

MECHERNICH
Halloween
31.10. s. Seite 123

MÜNSTER
Herbstsend
26.10. bis 3.11. s. Seite 123

RECKLINGHAUSEN
Recklinghausen leuchtet
25.10. bis 10.11. s. Seite 122

SOLINGEN
Basar der Kunsthandwerker
25.10. bis 3.11. s. Seite 123

Konzerte, Shows und Ausstellungen s. Seiten 6–13

9./10. November

SOEST

Allerheiligenkirmes

6. bis 10.11., Historische Altstadt, 59494 Soest, Mi 12–23 h, Do 10–23 h, Fr 12–2 h, Sa 10–2 h, So 11–22 h

Die größte Altstadtkirmes Europas mit über 300 Schaustellern und zuletzt rund eine Millionen Besuchern. Kirmes mitten in der Stadt!

Eintritt frei 02921-1036202
www.so-ist-soest.de

KÖLN

Berufe Live Rheinland

8./9.11., XPOST Köln, Gladbacher Wall 5, 50670 Köln, Fr 9–14 h, Sa 10–16 h

Kostenlose Berufsmesse in Köln zum Kennenlernen verschiedener Berufsfelder und Studiengänge. Viele Berufsbilder kann man interaktiv ausprobieren.

Eintritt frei 02213-980930
www.einstieg.com/messen/berufe-live-rheinland.html

ESSEN

RUNschnellweg

9.11., Start am FUNKE Medienhaus, Jakob-Funke Platz 1, 45127 Essen, Sa ab ca. 15.45 h

Der Radschnellweg Ruhr wird zum RUNschnellweg. Bei diesem besonderen Laufevent können die Läufer von Essen nach Mülheim und wieder zurück laufen – und das in der Dunkelheit. Die Starter haben die Wahl zwischen 5 km, 10 km und einem Halbmarathon.

ab 15 €
www.runschnellweg.de

MEERBUSCH

Bau- und Wohnmesse Meerbusch

8. bis 10.11., Areal Böhler, Hansaallee 321, 40549 Düsseldorf, Fr–So 10–17 h

Besuchen Sie die Bau- und Wohnmesse und informieren Sie sich zu den neusten Trends rund um Bauen, Wohnen, Energiesparen und Lifestyle.

5 €, Kinder (bis 16) Eintritt frei
02421-407900
www.baumesse.com

Kirmes mitten in der Stadt

DINSLAKEN
Martinikirmes
8. bis 12.11., An der Trabrennbahn, 46535 Dinslaken, Zeiten noch nicht bekannt
Fünf Tage lang lockt die Martinikirmes in Dinslaken wieder Zehntausende Besucher an. Über 100 Aussteller bieten den Besuchern ein vielfältiges Angebot an Kinder- und Großfahrgeschäften. Ein buntes Programm sowie reichlich Schankbetriebe und kulinarische Angebote runden die Kirmes ab.
Eintritt frei
www.dinslaken.de

GEVELSBERG
Martinsmarkt Gevelsberg
10.11., Mittelstraße, 58285 Gevelsberg, So 13–18 h
Freuen Sie sich auf Ihren Sonntagseinkauf. Zudem findet der große Laternenumzug über die Mittelstraße statt und zahlreiche Stände laden zum Genießen ein.
Eintritt frei 02332-12307
www.city-gevelsberg.de

MONHEIM
Monheimer Martinsmarkt
10.11., Innenstadt mit Eierplatz, Rathausvorplatz, 40789 Monheim, So 11–18 h
Neben einem verkaufsoffenen Sonntag bietet das Herbstfest in der Monheimer Innenstadt zahlreiche Kreativstände und eine Bühne mit buntem Programm.
Eintritt frei 02173-9510
www.monheim.de/martinsmarkt

HEILIGENHAUS
Heiligenhauser Martinsmarkt
10.11., Innenstadt, 42579 Heiligenhaus, So ab 12 h
Große und kleine Besucher können sich auf ein buntes Rahmenprogramm freuen. Auf dem Kirchplatz geht die Kirmes rund, der Martinszug der Kindergartenkinder zieht durch die Straßen und es gibt einen ökumenischen Kindergottesdienst.
Eintritt frei 02056-130
www.heiligenhaus.de

Der RUNschnellweg führt von Essen nach Mülheim an der Ruhr.

ERINNERUNG

AACHEN
Adler-Modellspielzeugmarkt
10.11. s. Seite 144

ESSEN
Essener Lichtwochen
27.10. bis 4.1.25. s. Seite 126

MINDEN
Herbstmesse
2. bis 10.11. s. Seite 128

RECKLINGHAUSEN
Recklinghausen leuchtet
25.10. bis 10.11. s. Seite 122

Konzerte, Shows und Ausstellungen s. Seiten 6–13

GELDERN

Geldern ist Heiß auf Eis

11.11. bis 15.12., Marktplatz, 47608 Geldern, Mo–Fr 15–19 h, Mi 15–21 h, Sa 11–21 h, So 10–20 h

Das Eis-Event „Heiß auf Eis" lockt mit umfangreichem Rahmenprogramm. Freuen Sie sich auf die Stadtmeisterschaften im Eisstock-Schießen, Bierkasten-Curling und vieles mehr. Samstags gibt es Konzerte und Sonntag ist Familientag.

Nicht bekannt 02831-3980

www.geldern.de

DÜLMEN

Dülmener Winter

15.11. bis 5.1.25, Innenstadt, 48249 Dülmen, Zeiten noch nicht bekannt

Das idyllische Dülmen verwandelt sich während des Dülmener Winters mit einer Eisbahn, einem zauberhaften Weihnachtsmarkt und stimmungsvollem Programm zu einer der coolsten Winterlocations im Münsterland.

Eintritt frei

www.duelmen.de/tourismus/duelmener-winter

KORSCHENBROICH

Adventliche Ausstellung

22./23.11., Liedberger Landgasthaus, Landstraße 19, 41352 Korschenbroich, Fr 17–20 h, Sa 11–18 h

COUPON NR. 20

Die adventliche Ausstellung im Liedberger Landgasthaus bietet schöne Geschenkideen zum beginnenden Advent. Genießen Sie zur Einstimmung den Glühwein im urigen Gewölbekeller und lassen Sie sich vom Ambiente verzaubern.

Eintritt frei 02166-87294

www.llgh.de

BIELEFELD

Après Ski Party

23.11., Lokschuppen, Stadtheider Straße 11, 33609 Bielefeld, Sa ab 18 h

Freuen Sie sich auf eine Bielefelder Après Ski Party mit Outdoor Area, Glühwein, Brez'n und unterhaltsamer Livemusik.

14,61 € 0521-5216811

www.lokschuppen-bielefeld.de

HALTERN AM SEE

Kreativ-Vintage-Flohmarkt

17.11., Seestadthalle, Lippspieker 25, 45721 Haltern am See, So 13–18 h

Freuen Sie sich auf den Kreativ-Vintage-Flohmarkt mit einer Vielfalt an bunten Ständen. Von edlem Porzellan über zeitlosen Schmuck bis hin zu alltäglichen Schätzen vergangener Tage – hier findet sich eine Vielfalt an Gegenständen des täglichen Lebens, die eine neue Heimat suchen.

4 €

www.messecom-nord.de/messen/kreativ-vitage-flohmarkt-haltern

COESFELD

Lichtersamstag

23.11., Innenstadt, 48653 Coesfeld, Zeiten noch nicht bekannt

Der Lichtersamstag läutet mit einem stimmungsvollen und abwechslungsreichen Programm die Vorweihnachtszeit ein. Die Besucher erwarten viele Highlights rund um das Thema „Licht" in der Coesfelder Innenstadt.

Eintritt frei

www.coesfeldundpartner.de

ERINNERUNG

COESFELD
Krammarkt
16.11. s. Seite 64

DÜLMEN
Dülmener Winter
15.11. bis 5.1.25 s. Seite 132

DUISBURG
Fackelführung extra scharf!
17.11. s. Seite 126

ESSEN
Essener Lichtwochen
27.10. bis 4.1.25 s. Seite 126

Konzerte, Shows und Ausstellungen s. Seiten 6–13

DETMOLD
Andreasmesse
27.11. bis 1.12., Innenstadt, 32756 Detmold, Zeiten noch nicht bekannt
Das historische Stadtbild verschmilzt mit dem bunten Händlertreiben und sorgt mit verschiedenen Fahrgeschäften für stimmungsvolles Kirmesambiente.
Eintritt frei 05231-9770
www.detmold.de

GEVELSBERG
Mondscheinbummel Gevelsberg
29.11., Mittelstraße, 58285 Gevelsberg, Fr 18–22 h
Am Freitag vor dem ersten Advent laden die Gevelsberger Händler zum entspannten Einkaufsabend ein.
Eintritt frei 02332-12307
www.city-gevelsberg.de

MONHEIM
10. Monheimer Sternenzauber
29.11. bis 5.1.2025 Innenstadt mit Eierplatz, Rathausvorplatz, 40789 Monheim, Zeiten noch nicht bekannt
Ein Weihnachtsfest mit zahlreichen Teilveranstaltungen. Freuen Sie sich auf eine kostenlose Eisbahn und Winterchalet. Der 15.12. ist ein verkaufsoffener Sonntag.
Eintritt frei 02173-9510
www.monheim.de/sternenzauber

MECHERNICH
Burgweihnacht
30.11./1.12., weitere Termine: 7./8.12. 14./15.12, 21./22.12, Burg Satzvey, An der Burg 3, 53894 Satzvey, Sa 12–20 h, So 12–19 h
An verschiedenen Wochenenden wird hier ein weihnachtliches Programm geboten. Neben einem Krippenspiel kommen Elfen und der Weihnachtsmann zu Besuch und es gibt eine Bastelwerkstatt für Kinder.
10–15 €, Kinder (bis 4) frei
02256-95830
www.burgsatzvey.de/veranstaltungen

ERINNERUNG

DÜLMEN
Dülmener Winter
15.11. bis 5.1.25 s. Seite 132

ESSEN
Essener Lichtwochen
27.10. bis 4.1.25 s. Seite 126

GELDERN
Heiß auf Eis
11.11. bis 15.12. s. Seite 132

LÜDINGHAUSEN
Weihnachtsmarkt der Hobbykünstler
30.11., weiterer Termin: 31.12., Burg Lüdinghausen, Amtshaus 14, 59348 Lüdinghausen, Sa/Fr 11–18 h
Ein Künstlermarkt mit zahlreichen Ausstellern in der Burg Lüdinghausen mit frischen Waffeln, selbst gebackenen Kuchen und Leckerem vom Grill.
Eintritt frei
www.lhmarketing.de

WESEL
7. Niederrhein Filmfestival
30.11., Scala Kulturspielhaus, Wilhelmstraße 8-10, 46483 Wesel, Sa 16–22 h
Das Filmfestival feiert die deutsche und niederländische Filmkultur. Besuchen Sie die einzelnen nationalen Wettbewerbe und die Filmfestival Gala, um kein Highlight zu verpassen.
ab 5 €
www.niederrheinfilm.de

NEUSS
Neusser Kammerorchester – Weihnachtskonzert
1.12., Zeughaus, Markt 42-44, 41460 Neuss, So ab 18 h
Das Neusser Kammerorchester lädt ein zum Weihnachtskonzert.
Nicht bekannt 02131-21719
www.neusser-kammerorchester.de

6. bis 8. 12. und 13. bis 15.12., Wuppertal

Weihnachtsmarkt Schloss Lüntenbeck

TOP EVENT

Advent auf Schloss Lüntenbeck, das ist seit fast 50 Jahren der traditionelle Weihnachtsmarkt für feines Handwerk, aber auch für junges Design außergewöhnlicher Manufakturen sowie raffinierte kulinarische Spezialitäten. Dazu märchenhafte Unterhaltung, karitative Aktionen und eine hochwertige Gastronomie.

An 100 individuellen Ständen findet man die ganz besonderen Geschenke für seine Lieben.

Schloss Lüntenbeck
42327 Wuppertal
Fr 14–20 h, Sa/So 11–20 hr
8,50 €, Kinder (bis 16) Eintritt frei
www.hygge.one

COESFELD
Nikolausumzug

7.12., Innenstadt, 48653 Coesfeld, Zeiten noch nicht bekannt

Der Nikolaus besucht für den Coesfelder Nikolausumzug die Stadt. Kinder sind eingeladen, den Umzug mit Laternen zu begleiten.
Nicht bekannt 02541-9391017
www.coesfeldundpartner.de

ESSEN
Zollverein-Eisbahn

7.12. bis 5.1.25, UNESCO-Welterbe Zollverein, Gelsenkirchener Straße 181, 45309 Essen, Zeiten noch nicht bekannt

Kufenfreunde flitzen über die 150 Meter lange Bahn, während die in buntes Licht getauchten Koksöfen und Schornsteine der Kokerei für Revier-Romantik sorgen.

Die Eisbahn auf der Kokereie Zollverein in Essen

So, 1.12.	1. Advent
So, 8.12.	2. Advent
So, 15.12.	3. Advent
So, 22.12.	4. Advent
23.12.–6.1.	Weihnachtsferien NRW
Mi, 25.12.	1. Weihnachtsfeiertag
Do, 26.12.	2. Weihnachtsfeiertag

Eisstockschießen auf Zeche Zollverein in Essen

Zudem gibt es Eisstockschießen und eine Eisdisco.
10 €, Kinder 8 € 0201-246810
www.zollverein.de/eisbahn

LINDLAR
Advent im Museum
15.12., LVR-Freilichtmuseum Lindlar, Heiligenhoven 16a, 51789 Lindlar, So 10–18 h
Besucher können sich am dritten Advent auf vorweihnachtliche Stimmung auf dem Museumsgelände freuen. Lernen Sie über den Wandel des Weihnachtsfestes zwischen 1800 und 1960 und genießen Sie die besinnliche Stimmung.
9 €, Kinder Eintritt frei
02234-9921555
www.freilichtmuseum-lindlar.lvr.de

XANTEN
Silvesterkonzert im St. Viktor Dom
31.12., St. Viktor Dom, 46509 Xanten, Di ab 19.30 h
Ein erhebender Konzertabend zum Jahresausklang für Freunde der glanzvollen Silvesterkonzerte.
ab 21 € 02801-772200

ERINNERUNG

DÜLMEN
Dülmener Winter
15.11. bis 5.1.25 s. Seite 132

ESSEN
Essener Lichtwochen
27.10. bis 4.1.25 s. Seite 130

GELDERN
Heiß auf Eis
11.11. bis 15.12. s. Seite 132

LÜDINGHAUSEN
Weihnachtsmarkt der Hobbykünstler
31.12. s. Seite 133

NEUSS
Adler-Modellspielzeugmarkt
8.12. s. Seite 27

NEUSS
Oldtimerbahnfahrt
14.12. s. Seite 83

MECHERNICH
Burgweihnacht
7./8.12., 14./15.12, 21./22.12. s. Seite 133

MÖNCHENGLADBACH
Adler-Modellspielzeugmarkt
15.12. s. Seite 50

MONHEIM
Monheimer Sternenzauber
29.11. bis 5.1.25 s. Seite 133

TROISDORF
Adler-Modellspielzeugmarkt
22.12. s. Seite 29

Konzerte, Shows und Ausstellungen s. Seiten 6–13

Weihnachtsmärkte in NRW

AACHEN
Aachener Weihnachtsmarkt
22.11. bis 28.12., Marktplatz,
52062 Aachen, täglich 11–21 h
Eintritt frei
www.aachenweihnachtsmarkt.de

BIELEFELD
Weihnachtsmarkt Bielefeld
25.11. bis 30.12., Bielefelder Innenstadt,
So–Do 12–21 h, Fr/Sa 12–22 h
Eintritt frei 0521-516999
www.bielefeld.jetzt

BIELEFELD
Weihnachtlicher Wintermarkt
15.12., Talbrückenstraße 142,
33609 Bielefeld, Mi 12–18 h
Eintritt frei 0521-32932050

BOCHUM
Bochumer Weihnachtsmarkt
21.11. bis 23.12., Huestraße, 44787 Bochum,
täglich 12–21 h
Eintritt frei
www.bochum-tourismus.de

BONN
Bonner Weihnachtsmarkt
22.11. bis 22.12., Münsterplatz, 53111 Bonn,
täglich 11–21 h, 22.12. 11–20 h,
24.11. geschlossen
Eintritt frei 0228-770
www.bonnerweihnachtsmarkt.de

BORGHORST
Weihnachtsmarkt Borghorst
13. bis 15.12., Innenstadt Borghorst,
48565 Steinfurt , Fr 17–22 h, Sa 11–22 h,
So 11–18 h
Eintritt frei 02551-186900
www.steinfurt-touristik.de

BORKEN
Weihnachtsmarkt Marbeck
30.11./1.12., weitere Termine:
7./8.12., 12.–15.12., 21.–22.12.,
Waldhof Schulze Beikel, Rhader Str. 16,
46325 Borken, Sa 11–21 h,
So 11–20 h, Do/Fr 13–21 h
Nicht bekannt 02867-95409
www.weihnachtsmarkt-schulze-beikel.de

Der Weihnachtsmarkt Bielefeld vor historischer Kulisse

Eine weihnachtliche Atmosphäre

DETMOLD
Weihnachtsmarkt Detmold im Schlosspark
1. bis 30.12., Schlosspark, 32756,
32756 Detmold, Zeiten noch nicht bekannt
Eintritt frei 05231-9770
www.weihnachtsmarkt-detmold.de

DORMAGEN
Nikolausmarkt in Zons
7./8.12., Burggelände der Burg Friedestrom,
41541 Dormagen, Sa 13–21 h, So 12–20 h
Eintritt frei 02133-257647
www.swd-dormagen.de

DORTMUND
Weihnachtsflair
28.11. bis 1.12., Schloß Bodelschwingh,
Schloßstraße 95a, 44357 Dortmund
Zeiten noch nicht bekannt
Nicht bekannt
www.schloss-bodelschwingh.de

DORTMUND
Dortmunder Weihnachtsmarkt
21.11. bis 30.12., Innenstadt,
44137 Dortmund, Zeiten noch nicht bekannt
Eintritt frei
www.weihnachtsstadt-do.de

DUISBURG
Duisburger Weihnachtsmarkt
14.11. bis 30.12., König- und Kuhstraße,
47051 Duisburg, Mo–Do 11–21 h,
Fr/Sa 11–22 h, So 13–21 h
Eintritt frei
www.duisburger-weihnachtsmarkt.de

DÜSSELDORF
Weihnachtsmarkt Düsseldorf
23.11. bis 30.12., Innenstadt,
40213 Düsseldorf, So–Do 11–20 h,
Fr/Sa 11–21 h
Eintritt frei 0211-15981232
www.d-live.de

Weihnachtsmärkte in NRW

EMSDETTEN

Emsdetter Sternschnuppenmarkt

6. bis 8.12., Innenstadt, 48282 Emsdetten
Fr 16–21 h, Sa 11–21 h, So 11–19 h

Eintritt frei 02572-93070
www.vvemsdetten.de

ESSEN

Nikolausmarkt

29.11. bis 1.12., weiterer Termin: 6. bis 8.12., Schlosshotel Hugenpoet, August-Thyssen-Straße 51, 45219 Essen, Zeiten noch nicht bekannt

Nicht bekannt 02054-12040
www.hugenpoet.de

ESSEN

Internationaler Weihnachtsmarkt Essen

15.11. bis 23.12., Innenstadt/Kennedyplatz, 45127 Essen, Zeiten noch nicht bekannt

Eintritt frei 0201-8872333
www.visitessen.de

GREFRATH

Romantischer Weihnachtsmarkt Dorenburg

6.–8.12, 13.–15.12., Niederrheinisches Freilichtmuseum, 47929 Grefrath, Fr 14–21 h, Sa 14–21 h, So 11–19 h

Eintritt frei
https://gaudium.de/weihnachtsmarkt-dorenburg/

Der Duisburger Weihnachtsmarkt

GÜTERSLOH

Gütersloher Weihnachtsmarkt

28.11. bis 30.12., Innenstadt, 33330 Gütersloh, Zeiten noch nicht bekannt

Eintritt frei
www.guetersloh-marketing.de

HAMM

Weihnachtsmarkt-Dorf

25.11 bis 30.12., Pauluskirche, Marktplatz 16, 59065 Hamm, Fr/Sa 12–21 h, So–Do 12–20 h

Eintritt frei

COUPON NR. 21

HATTINGEN

Nostalgischer Weihnachtsmarkt Hattingen

25.11. bis 22.12., Reschop, 45525 Hattingen, Mo–Do 12–20 h, Fr–So 12–21 h

Eintritt frei
www.hattingen-tourismus.de

JÜCHEN

Schloßweihnacht Schloß Dyck

30.11./1.12., weitere Termine: 7./8.12., 14./15.12., 21./22.12., Schloß Dyck, 41363 Jüchen, Sa/So 10–20 h

ab 13,50 €, Kinder (bis 3) Eintritt frei
02182-824280
www.stiftung-schloss-dyck.de

KAARST

Spekulatiusmarkt in Büttgen

7./8.12., Rathausplatz 23, 41564 Kaarst, Sa/So ab 11 h

Eintritt frei 02131-92390
www.ig-buettgen.de

LÜDINGHAUSEN

Adventsmarkt

6. bis 8.12., St. Felizitas, Mühlenstraße 7, 59348 Lüdinghausen, Fr 14–19 h, Sa 11–20 h, So 11–18 h

Eintritt frei
www.lhmarketing.de

Der Essener Weihnachtsmarkt von oben

KALKAR
Nikolausmarkt
30.11./1.12., Marktplatz, 47546 Kalkar, Sa 14–20 h, So 12–19 h
Nicht bekannt 02824-13120
www.kalkar.de

KRANENBURG
Nikolausmarkt
6. bis 8.12., Kirchplatz 1, 47559 Kranenburg, Zeiten noch nicht bekannt
Nicht bekannt 02826-790
www.kranenburg.de

LIPPSTADT
Lippstädter Weihnachtsmarkt
29.11. bis 23.12., Rathausplatz, 59557 Lippstadt, Mo–Mi 14–20 h, Do/Fr 14–21 h, Sa 12–21 h, So 12–20 h

MINDEN
Mindener Weihnachtsmarkt
26.11. bis 30.12., Marktplatz, 32423 Minden, Mo–Mi 11–20 h, Do–Sa 11–21 h, So 13–20 h, 24.12. 11–14 h, 25./26.12. geschlossen
Eintritt frei

MÜNSTER
Weihnachtsmarkt „Rund um das Rathaus“
25.11. bis 23.12., Prinzipalmarkt 10, 48143 Münster, Zeiten noch nicht bekannt
Eintritt frei
www.weihnachtsmarkt-muenster.com

PADERBORN
Weihnachtsmarkt Paderborn
22.11. bis 23.12., 24.11. geschlossen, Domplatz, 33098 Paderborn, Zeiten noch nicht bekannt
Eintritt frei
www.paderborn.de

MONHEIM
Sternenzauber Weihnachtsmarkt
12. bis 15.12., weiterer Termin: 19. bis 22.12., Altstadt, 40789 Monheim, Do/Fr 15–21.30 h, Sa/So 13–21.30 h
Eintritt frei 02173-9510
www.monheim.dc/weihnachtsmarkt

MONSCHAU
Weihnachtsmarkt Monschau
29.11. bis 1.12., weitere Termine: 6. bis 8.12., 13. bis 15.12., 20. bis 22.12., Marktplatz, 52156 Monschau, Zeiten noch nicht bekannt
Eintritt frei
www.monschau.de

SOEST
Soester Weihnachtsmarkt
25.11. bis 22.12., Rathausplatz/Altstadt, 59494 Soest, So–Do 11–20 h, Fr/Sa 11–21 h
Eintritt frei
www.so-ist-soest.de

MOERS
Moerser Weihnachtsmarkt
15.11. bis 22.12., Kastellplatz Moers, 47441 Moers, Mo–Do 12–20 h, Fr 12–20 h, Sa 11–22 h, So 11–20 h, 24.11. geschlossen

Die Broicher Schlossweihnacht bei atmosphärischer Beleuchtung

MÜLHEIM AN DER RUHR

Broicher Schlossweihnacht

7./8.12., weitere Termine: 14./15.12., 21./22.12., Am Schloß Broich 28, 45479 Mülheim an der Ruhr, Sa 13–21 h, So 11–20 h

Nicht bekannt 0208-9609616

www.schloss-broich-muelheim.de

PADERBORN

Weihnachtszauber im Schlosspark

6. bis 8.12., Neuhäuser Schlosspark, 33104 Paderborn, Fr 15–21 h, Sa 13–21 h, So 11–19 h

Eintritt frei 05251-8811092

www.schlosspark-paderborn.de

RAESFELD

Adventsmarkt am Wasserschloss

5. bis 8.12., Schloss Raesfeld, 46348 Raesfeld, Do/Fr 15–21 h, Sa 11–21 h, So 11–20 h

5 €, Kinder (bis 14) Eintritt frei

02865-955250

www.ortsmarketing.raesfeld.de

RHEDA-WIEDENBRÜCK

Adventskrämchen

4. bis 8.12., Doktorplatz, 33378 Rheda-Wiedenbrück, Mi/Do 16–21 h, Fr 16–22 h, Sa 14–22 h, So 13–21 h

Eintritt frei 5 05242-9644114

www.rheda-erleben.de/eventinfos/adventskraemchen

SOLINGEN

Grünewalder Adventstraum

29.11. bis 1.12., weitere Termine: 6. bis 8.12., 13. bis 15.12., 20. bis 22.12., Haus Grünewald 1, 42653 Solingen, Fr 14–21 h, Sa/So 11–20 h

8 €, Kinder (bis 16) Eintritt frei

www.schloss.gruenewald.de

STEINFURT

Nikolausmarkt Burgsteinfurt

6. bis 8.12., Altstadt, 48565 Steinfurt-Burgsteinfurt, Zeiten noch nicht bekannt

Eintritt frei 02551-186900

www.steinfurt-touristik.de

STEINFURT

Weihnachtsmarkt Borghorst

14./15.12., Borghorst, 48565 Steinfurt, Zeiten noch nicht bekannt

Eintritt frei 02551-186900

www.steinfurt-touristik.de

STRAELEN

Straelener Weihnachtsmarkt

29.11 bis 1.12., Marktplatz und Innenstadt, 47683 Straelen, Fr 17–21 h, Sa 15–21 h, So 11–20 h

Eintritt frei 02834-702992

www.straelen.de

UNNA

Weihnachtsmarkt Unna

15.11. bis 22.12., Innenstadt, 59423 Unna, täglich 11.30–20 h

Eintritt frei 02303-9680520

www.unna-marketing.de

VELEN

Velener Waldweihnachtsmarkt 2024

29.11. bis 1.12., weitere Termine: 6. bis 8.12., 13. bis 5.12., 20. bis 22.12., Landgut Krumme, Eschstraße 118, 46342 Velen, Fr–So 11–20 h

ab 5 €, Kinder (bis 14) Eintritt frei

02863-1405

www.waldweihnachtsmarkt.de

WESEL

Weseler Hüttenzauber 2024

4. bis 8.12., Heubergpark, 46483 Wesel, Zeiten noch nicht bekannt,

Nicht bekannt 0281-2032546

www.weselmarketing.de

WARENDORF

Warendorfer Weihnachtswäldchen

29.11. bis 15.12., Marktplatz, 48231 Warendorf, Mo–Do 14–20 h, Fr 14–22 h, Sa 11–22 h, So 11–20 h

Eintritt frei 02581-545454

www.weihnachtswaeldchen.de

VELBERT

Weihnachtsmarkt Am Offers

6. bis 8.12., weiterer Termin: 13. bis 15.12., Am Offers, 42551 Velbert, Fr 14–21 h, Sa/So 11–20 h

Eintritt frei

www.stadtmarketing.velbert.de/events

WESEL

Adventmarkt am Dom

30.11./1.12., Willibrordi-Dom, 46483 Wesel, Sa 11–20 h, So 11–18 h

Nicht bekannt 0281-2032622

www.wesel-tourismus.de

WETTRINGEN

Nikolausmarkt am Heimathaus

30.11. bis 1.12., Heimathaus Wettringen, Werninghoker Straße 5, 48493 Wettringen, Sa 14–22 h, So 11–18 h

Eintritt frei 02557-929676

www.verkehrsverein-wettringen.de

Geselliges Glühweintrinken auf dem Wintertreff in Unna

JANUAR 2025

BONN
BonnKreativ
11./12.1.25, Telekom Dome, Basketsring 1, 53123 Bonn, Sa 10–18 h, So 10–17 h
7 € 0228-94731668
www.bonnkreativmesse.de

DUISBURG
Bau- und Wohnmesse Duisburg
17. bis 19.1.25, Landschaftspark Duisburg-Nord, Emscherstraße 71, 47137 Duisburg, Fr–So 10–17 h
5 €, Kinder (bis 16) Eintritt frei
02421-407900
www.baumesse.com

DÜSSELDORF
boot Düsseldorf
18. bis 26.1.25, Messe Düsseldorf, Stockumer Kirchstraße 61, 40474 Düsseldorf, täglich 10–18 h
www.boot.de

ESSEN
Internationale Pflanzenmesse Essen
28. bis 31.1.25, Messe Essen, Messeplatz 1, 45131 Essen, Di–Do 9–18 h, Fr 9–17 h
0201-72440
www.ipm-essen.de

Equitana in Essen

BERGKAMEN
8. Marina Hafenfeuer
24. bis 26.1.25, Westfälisches Sportbootzentrum – Marina Rünthe, Hafenweg, 59192 Bergkamen, Fr 17–22 h, Sa 15–22 h, So 12–18 h
Eintritt frei 02307-9650
www.bergkamen.de/kultur-tourismus-sport-events/veranstaltungen

FEBRUAR 2025

KÖLN
spoga horse 2025
8. bis 10.2., Kölnmesse, Messeplatz 1, 50679 Köln, Sa/So 9–18 h, Mo 9–17 h
01806-408645
www.spogahorse.de

DÜSSELDORF
XPOTENTIAL
18. bis 20.2., Messe Düsseldorf, Stockumer Kirchstraße 61, 40474 Düsseldorf
0211-456001
www.messe-duesseldorf.de

KEVELAER
KevelaerBEATZ – Karneval Edition
27.2.25, Konzert- und Bühnenhaus, Bury St. Edmunds-Str. 5, 47623 Kevelaer, Do ab 16 h
Eintritt frei 02832-122991
www.kevelaer-marketing.de

DIVERSE ORTE IN NRW
Karneval
27.2. bis 4.3.25

MÄRZ 2025

ESSEN
Equitana
6. bis 12.3.25, Messe Essen, Messeplatz 1, 45131 Essen, täglich 10–18 h
0211-90191201
www.equitana.com

Wingfoiling bei der boot Düsseldorf

NRW erkunden, Highlights entdecken, über 200 Euro sparen!

Mithilfe der Nummerierung haben Sie den richtigen Gutschein immer griffbereit.

COUPONS

1 Köln, Bochum, Bonn | Mädelsflohmarkt | Pattenhalle
2 Düsseldorf | Landpartie Grafenberg
3 Krefeld | Art of Eden | Botanischer Garten
4 Bedburg-Hau | GartenLeben | Schloss Moyland
5 Leverkusen | Landpartie |Schloss Morsbroich
6 Grefrath | GartenLeben | Freilichtmuseum Dorenburg
7 Essen | Ein Sommernachtstraum | Schloss Borbeck
8 Essen | Wawau Adler Trio feat. Tim Klimhuis | Schloss Borbeck
9 Engelskirchen | Landpartie | Villa Braunswerth
10 Dorsten | FineArts | Schloss Lembeck
11 Düsseldorf | Herbstfestival | Schloss Eller
12 Bonn | Beethovenfest
13 Moers | Schlossfest mit Theaterfest | Moerser Schloss
14 Kamp-Lintford | Herbstpartie | Kloster Kamp
15 Bedburg-Hau | Art of Eden | Schloss Moyland
16 Dorsten | IndianSummer | Schloss Lembeck
17 Geilenkirchen | Herbstpartie Burg Trips
18 Essen | Vier Cembali und ein Streicher | Schloss Borbeck
19 Krefeld | Krefelder Herbstzauber
20 Korschenbroich | Adventliche Ausstellung | Liedberger Landgasthaus
21 Hamm | Weihnachtsmarkt-Dorf
22 Oberhausen | Salzgrotte Oberhausen
23 Düsseldorf | Salzgrotte Düsseldorf
24 Düsseldorf | Glowing Rooms
25 Mettmann | Neanderthal Museum
26 Xanten | LVR-Archäologischer Park Xanten und LVR-RömerMuseum
27 Dormagen | Kreismuseum Zons
28 Rheinberg | TerraZoo
29 Brüggen | Natur- und Tierpark Brüggen
30 Xanten | Übernachten im Heu auf dem Moerenhof
31 Bochum | Varieté et cetera
32 Oberhausen | Niebuhrg Theater
33 Warendorf | Führung „Zwischen Drachen- und Katzenköppen"
34 Köln | Interactives Escape Theater
35 Möhnesee | Möhneseeschifffahrt
36 Wachtendonk | HotzSpots – Paddeln auf der Niers
37 Solingen | Tiki Kinderland

Hinweis: Für die Inhalte der einzelnen Gutscheine sind die jeweiligen Unternehmer verantwortlich. Wir bitten um Verständnis, dass der Klartext Verlag keine Haftung für nicht anerkannte Coupons übernimmt. Der Rechtsweg sowie Auszahlungen in bar sind ausgeschlossen.

Mädelsflohmarkt

Von Mädels für Mädels heißt hier das Motto.

Gemütlich flanieren, feilschen, snacken, trinken und stöbern auf unseren Mädelsflohmärkten in Köln, Bochum und Bonn.

Gegen Vorlage dieses Coupons erhält eine Person freien Eintritt zu einem Mädelsflohmarkt in Köln, Bochum und Bonn.

Wert: 4 Euro

GUTSCHEIN

01

Landpartie Grafenberg

Rund **140 Aussteller** mit einem großen Angebot an Schönem, Kreativem und Nützlichem, Gelegenheit zu Bummeln, dazu ein guter Wein und im Hintergrund Klaviermusik – das charakterisiert die „Landpartie Grafenberg" auf der Galopprennbahn Düsseldorf. Ein Treffpunkt für alle, die sich gerne im Freien aufhalten, auf der Suche nach ausgefallenen Geschenkideen sind, sich selbst eine Freude machen möchten oder einfach schöne Momente fernab vom Alltag erleben möchten.

Gegen Vorlage dieses Coupons erhalten bis zu 2 Personen je 2 € Rabatt auf den Eintrittspreis. Kinder in Begleitung eines Erwachsenen erhalten freien Eintritt.

ERSPARNIS: bis zu 4 Euro

GUTSCHEIN

02

ART OF EDEN

Kunst im Botanischen Garten Krefeld

Skulpturen für den Garten. Spazieren Sie auf den romantischen Pfaden zwischen Farn, Tulpe und Magnolie und entdecken Sie zahlreiche Kunstwerke.

Gegen Vorlage dieses Coupons erhalten Sie

1 €

Ermäßigung auf den regulären Eintrittspreis.

Kinder bis 16 Jahre haben freien Eintritt.

GUTSCHEIN

03

01

Eintrittspreise: 4 €

Kinder (bis 12 Jahre) frei

Mädelsflohmarkt

Standorte

Jahrhunderthaus Bochum
Alleestraße 80, 44793 Bochum

Abenteuerhallen Kalk
Christian-Sünner-Straße 8,
51103 Köln

Pattenhalle Ehrenfeld
Christianstraße 82, 50825 Köln

Brückenforum
Friedrich-Breuer-Straße 17, 53225 Bonn

Alle Termine finden Sie unter www.maedelsflohmarkt.de

02

Gegen Vorlage dieses Coupons erhalten bis zu 2 Personen je 2 € Rabatt auf den Eintrittspreis. Kinder in Begleitung eines Erwachsenen erhalten freien Eintritt.

ERSPARNIS: bis zu 4 Euro

GUTSCHEIN

Landpartie Grafenberg

27.04. bis 01.05.2024
Samstag bis Mittwoch von 10 bis 18 Uhr

Rennbahnstraße 20
40629 Düsseldorf-Grafenberg
Info-Telefon: 02151 – 59 45 35

Eintritt: 12 Euro, Kinder bis 18 Jahre kostenlos
www.renomueller.de

03

Gegen Vorlage dieses Coupons erhalten Sie

1 €

Ermäßigung auf den regulären Eintrittspreis.

Kinder bis 16 Jahre haben freien Eintritt.

GUTSCHEIN

ART OF EDEN

Kunst im Botanischen Garten Krefeld

4. bis 5. Mai 2024
Sa + So 10–18 h

Botanischer Garten
Am Schönwasserpark
47809 Krefeld

Info-Telefon:
0202 – 283 220 0

Eintritt: 8 Euro, Kinder bis 16 Jahre kostenlos

www.artofeden.de

GARTENLEBEN

Schloss Moyland

Erleben Sie die Faszination von Garten, Kunst und Wohnen auf dem historischen Parkgelände von Schloss Moyland. „GartenLeben" lockt mit etwa 120 Ausstellern, die inspirierende Ideen rund um die Themen Pflanzen, Gartenmöbel und Lifestyle bieten. Mit Kräutergartenfest.

Gegen Vorlage dieses Coupons erhalten Sie

3,00 €

Ermäßigung auf den regulären Eintrittspreis.

Kinder bis 16 Jahre haben freien Eintritt.

GUTSCHEIN

04

Landpartie Schloss Morsbroich

Erleben Sie einen Tag fernab vom Alltag im Freien und finden Sie einzigartige und ausgefallene Geschenkideen aus den Bereichen Mode & Schmuck, Genuss & Kulinarik, Haus & Garten sowie Kunst. Genießen Sie außerdem den prunkvollen Spiegelsaal des Schlosses.

Gegen Vorlage dieses Coupons erhalten bis zu 2 Personen je 2 € Rabatt auf den Eintrittspreis. Kinder in Begleitung eines Erwachsenen haben freien Eintritt.

ERSPARNIS: bis zu 4 Euro

GUTSCHEIN

05

GARTENLEBEN

Freilichtmuseum Dorenburg

Auf dem wunderschönen Gelände des Freilichtmuseums Dorenburg bietet der Gartenmarkt mit über 100 Ausstellern Inspirationen für Garten, Kunst und Wohnen. Entdecken Sie ein Angebot aus Pflanzen, Gartenmöbeln, Lifestyle, Textilien und Delikatessen.

Gegen Vorlage dieses Coupons erhalten Sie

3,00 €

Ermäßigung auf den regulären Eintrittspreis.

Kinder bis 16 Jahre haben freien Eintritt.

GUTSCHEIN

06

04

Gegen Vorlage dieses Coupons erhalten Sie

3,00 €

Ermäßigung auf den regulären Eintrittspreis.

Kinder bis 16 Jahre haben freien Eintritt.

GUTSCHEIN

GARTENLEBEN

Schloss Moyland

9. bis 12. Mai 2024
Do–So 10–18 h

Schloss Moyland,
Am Schloss 4
47551 Bedburg-Hau

Info-Telefon:
0202 – 283 220 0

Eintritt: 12 Euro,
Kinder bis 16 Jahre kostenlos

www.GartenLeben.net

05

Gegen Vorlage dieses Coupons erhalten bis zu 2 Personen je 2 € Rabatt auf den Eintrittspreis.
Kinder in Begleitung eines Erwachsenen haben freien Eintritt.

ERSPARNIS: bis zu 4 Euro

GUTSCHEIN

Landpartie Schloss Morsbroich

17. bis 20.05.2024
Fr 12–18 Uhr, Sa bis Mo 10–18 Uhr

Gustav-Heinemann-Str. 80,
51377 Leverkusen
Info-Telefon: 02151 – 59 45 35

Eintritt: 10 Euro, Kinder bis 18 Jahre kostenlos
www.renomueller.de

06

Gegen Vorlage dieses Coupons erhalten Sie

3,00 €

Ermäßigung auf den regulären Eintrittspreis.

Kinder bis 16 Jahre haben freien Eintritt.

GUTSCHEIN

GARTENLEBEN

Freilichtmuseum Dorenburg

18. bis 20. Mai 2024
Sa–Mo 10–18 h

Freilichtmuseum Dorenburg,
Am Freilichtmuseum 1,
47929 Grefrath

Info-Telefon: 0202 – 283 220 0

Eintritt: 12 Euro,
Kinder bis 16 Jahre kostenlos

www.GartenLeben.net

Ein Sommernachtstraum im Schloß Borbeck

Vier unglücklich Verliebte, Feen, Elfen und der Kobold Puck ... Rufus Beck spielt und erzählt im Stil eines Stand-Up-Comedian seine ironisch, moderne Version von Shakespeares Sommernachtstraum und schlüpft dabei in die verschiedenen fantastischen Figuren Shakespeares.

Die Geschwister Anna und Ines Walachowski spielen dazu vierhändig auf dem Klavier die Schauspielmusik von Felix Mendelssohn-Bartholdy, die zu seinen populärsten Werken zählt.

STADT ESSEN

Gegen Vorlage dieses Coupons erhält eine Person ermäßigten Eintritt.

WERT: 5 Euro

GUTSCHEIN

07

Wawau Adler Trio feat. Tim Kliphuis im Schloss Borbeck

Seit über 40 Jahren beseelt, verzaubert, beschwingt und bezwingt der Gitarrist Wawau Adler sein Publikum mit seinem Gitarrenswing. Mit Geiger Tim Kliphuis, Rhythmusgitarrist Hono

Winterstein und Kontrabassist Joel Locher swingt Wauwau Adler nun auch im Schloß Borbeck, teuflisch lustvoll und göttlich beseelt. Dass er bei seinen Soli auch zur Elektrogitarre greift, passt bruchlos in das modernisierte Konzept seines Gitarrenswings.

STADT ESSEN

Gegen Vorlage dieses Coupons erhält eine Person ermäßigten Eintritt.

WERT: 3 Euro

GUTSCHEIN

08

Landpartie Engelskirchen

Ein umfassendes Angebot an Pflanzen, Möbeln, Mode, Accessoires, Kunst, Schmuck, kulinarischen Genüssen und Lifestyle erwartet Sie rund um die Villa Braunswerth mit ihrem wunderschönen Park, der zum entspannen und bummeln einlädt.

Gegen Vorlage dieses Coupons erhalten bis zu 2 Personen je 2 € Rabatt auf den Eintrittspreis.
Kinder in Begleitung eines Erwachsenen haben freien Eintritt.

ERSPARNIS: bis zu 4 Euro

GUTSCHEIN

09

07

Eintrittspreis: 25 €

ermäßigt 20 €

Kinder bis 5 Jahre kostenlos

GUTSCHEIN

Ein Sommernachtstraum

Samstag, 08.06. um 19 Uhr

Schloß Borbeck, Schlossplatz 1, 45355 Essen

Karten zum Konzert gibt es im Schloß Borbeck, Tel. 0201-8844219 oder per Mail: kulturzentrum@schlossborbeck.essen.de

08

Eintrittpreise: 20 €

ermäßigt 17 €

Kinder bis 15 Jahre kostenlos.

GUTSCHEIN

Wawau Adler Trio feat. Tim Kliphuis

Freitag, 21.06. um 19 Uhr

Schloß Borbeck, Schlossplatz 1, 45355 Essen

Karten zum Konzert gibt es im Schloß Borbeck, Tel. 0201-8844219 oder per Mail: kulturzentrum@schlossborbeck.essen.de

09

Gegen Vorlage dieses Coupons erhalten bis zu 2 Personen je 2 € Rabatt auf den Eintrittspreis. Kinder in Begleitung eines Erwachsenen haben freien Eintritt.

ERSPARNIS: bis zu 4 Euro

GUTSCHEIN

Landpartie Engelskirchen

28. bis 30.06.2024

Fr 12–18 Uhr, Sa+So 10–18 h

Engels-Platz 4, 51766 Engelskirchen
Info-Telefon: 02151 – 59 45 35

Eintritt: 10 Euro, Kinder bis 18 Jahre kostenlos
www.renomueller.de

FineArts Schloss Lembeck

Immer am letzten Augustwochenende kommen 160 Künstler, Kunsthandwerker und Designer zu „FineArts", die in dieser Qualitätsdichte und -breite nur an ganz wenigen Orten in Europa zu sehen sind. Hier trägt jedes Stück seine persönliche Handschrift: bezaubernde Skulpturen aus Keramik, Eisen, Holz und Stahl, ausgezeichnetes Schmuck-Design sowie einzigartige Werke der angewandten und bildenden Kunst erwarten Sie im Wasserschloss Lembeck.

10

Gegen Vorlage dieses Coupons erhalten Sie

1,50 €

Ermäßigung auf den regulären Eintrittspreis.

Kinder bis 16 Jahre haben freien Eintritt.

GUTSCHEIN

Düsseldorfer Herbstfestival Schloss Eller

Über 100 Aussteller präsentieren Ihnen in den erstklassig restaurierten Sälen sowie dem angrenzenden Schlosspark Exklusives für Haus und Garten.

Ein umfangreiches Rahmenprogramm rundet das Herbstfestival stimmungsvoll ab.

11

Gegen Vorlage dieses Coupons erhalten bis zu 2 Personen je 2 € Rabatt auf den Eintrittspreis.

Kinder in Begleitung eines Erwachsenen erhalten freien Eintritt.

ERSPARNIS: bis zu 4 Euro

GUTSCHEIN

Beethovenfest Bonn

Beethoven in seiner Geburtsstadt – das traditionsreiche Klassikfestival in Bonn lädt ein zu einem Spitzenkonzert mit der ikonischen fünften Sinfonie des berühmtesten Sohns der Stadt.

12

Gegen Vorlage dieses Coupons erhält eine Person an der Abendkasse 20 % Rabatt für ein Ticket* zum Konzert der Bamberger Symphoniker.

*nach Verfügbarkeit

GUTSCHEIN

10

Gegen Vorlage dieses Coupons erhalten Sie

1,50 €

Ermäßigung auf den regulären Eintrittspreis.

Kinder bis 16 Jahre haben freien Eintritt.

GUTSCHEIN

FineArts Schloss Lembeck

24. bis 25.8.2024
Sa + So 10–18 h

Schloss Lembeck, Schloss 1,
46286 Dorsten-Lembeck

Info-Telefon:
0202 – 283 220 0

Eintritt: 12,50 Euro,
Kinder bis 16 Jahre kostenlos

www.kunstmarkt.net

11

Gegen Vorlage dieses Coupons erhalten bis zu 2 Personen je 2 € Rabatt auf den Eintrittspreis.

Kinder in Begleitung eines Erwachsenen erhalten freien Eintritt.

ERSPARNIS: bis zu 4 Euro

GUTSCHEIN

Düsseldorfer Herbstfestival Schloss Eller

30.08. bis 01.09.2024
Fr 12–18 Uhr, Sa + So 10–18 Uhr

Heidelberger Str. 42, 40229 Düsseldorf
Info-Telefon: 02151 – 59 45 35
Eintritt: 12 Euro, Kinder bis 18 Jahre kostenlos
www.renomueller.de

12

Gültig für eine Person für das Konzert der Bamberger Symphoniker

Sonntag, 22.9.2024, 19.30 Uhr

Oper Bonn
Am Boeselagerhof 1,
53111 Bonn

Ticketpreise: 105 €/
85 €/65 €/45 €/25 €

Reservierung unter **tickets@beethovenfest.de** notwendig.

GUTSCHEIN

Beethovenfest Bonn

Ludwig van Beethoven gilt als großer Erneuerer der Musikgeschichte.

Das diesjährige Beethovenfest vom 5. September bis zum 3. Oktober 2024 feiert den in Bonn geborenen Komponisten gebührend. Das alljährlich stattfindende Beethovenfest bringt Künstler von Weltrang und maßgebliche Beethoven-Interpretationen nach Bonn.

Mehr Infos unter www.beethovenfest.de

Sie hatte kein Glück mit ihren Männern: Gräfin Walburgis von Neuenahr-Moers. Den ersten köpften die Spanier, der zweite kam bei einer Pulverexplosion ums Leben.

Vor rund 400 Jahren lebte die Gräfin im Moerser Schloss. Heute geleitet sie die Besucher als Projektion durch das Grafschafter Museum in der ehemaligen Wasserburg der Grafen von Moers. Neben der Geschichte des Schlosses und der Kultur- und Alltagsgeschichte der Region zeigt das Museum historische Puppenstuben.

Gegen Vorlage dieses Coupons erhält eine Person

KOSTENFREIEN EINTRITT

in das Grafschafter Museum im Moerser Schloss.

GUTSCHEIN

13

Herbstpartie Kloster Kamp

Verbringen Sie einen wundervollen Tag in den Gärten des Klosters und finden Sie dabei einzigartige Waren aus den verschiedensten Bereichen. Freuen Sie sich auf Klaviermusik in einem unserer liebevollen Biergärten und einem Tag fernab vom Alltag.

Gegen Vorlage dieses Coupons erhalten bis zu 2 Personen je 2 € Rabatt auf den Eintrittspreis. Kinder in Begleitung eines Erwachsenen haben freien Eintritt.

ERSPARNIS: bis zu 4 Euro

GUTSCHEIN

14

ART OF EDEN

Schloss Moyland

Über 40 Bildhauer erwarten die Besucher mit Skulpturen für den Garten. Freuen Sie sich auf Kunst und Genuss im Schlosspark mit außergewöhnlicher Gastronomie.

Gegen Vorlage dieses Coupons erhalten Sie

3 €

Ermäßigung auf den regulären Eintrittspreis.

Kinder bis 16 Jahre haben freien Eintritt.

GUTSCHEIN

15

13

Gültig bis Ende 2024

Grafschafter Museum im Moerser Schloss

Kastell 9 · 47441 Moers
02841-20168200

Aktuelle Öffnungszeiten und Preise auf der Internetseite www.grafschafter-museum.de

14

Gegen Vorlage dieses Coupons erhalten bis zu 2 Personen je 2 € Rabatt auf den Eintrittspreis. Kinder in Begleitung eines Erwachsenen haben freien Eintritt.

ERSPARNIS: bis zu 4 Euro

GUTSCHEIN

Herbstpartie Kloster Kamp

20. bis 22.9.2024

Fr 12–18 Uhr, Sa+So 10–18 Uhr

Rheurdter Str. 97, 47475 Kamp-Lintfort
Info-Telefon: 02151 – 59 45 35

Eintritt: 10 Euro, Kinder bis 18 Jahre kostenlos
www.renomueller.de

15

Gegen Vorlage dieses Coupons erhalten Sie

3 €

Ermäßigung auf den regulären Eintrittspreis.

Kinder bis 16 Jahre haben freien Eintritt.

GUTSCHEIN

ART OF EDEN

Schloss Moyland

21. bis 22.9.2024
Sa + So 10–18 h

Schloss Moyland,
Am Schloss 4,
47551 Bedburg-Hau

Info-Telefon:
0202 – 283 220 0

Eintritt: 10 Euro,
Kinder bis 16 Jahre kostenlos

www.artofeden.de

16

IndianSummer Schloss Lembeck

Entdecken Sie Inspirationen für Garten, Kunst und Wohnen mit 130 Ausstellern auf dem historischen Parkgelände.

Gegen Vorlage dieses Coupons erhalten Sie

1,50 €

Ermäßigung auf den regulären Eintrittspreis.

Kinder bis 16 Jahre haben freien Eintritt.

GUTSCHEIN

17

Herbstpartie Burg Trips

Mit ihrem mittelalterlichen Charakter bietet die Burg die perfekte Kulisse für eine Herbstpartie.

Über 110 ausgewählte Aussteller halten ein breites Repertoire an hochwertigen Waren für Sie bereit. Hier finden Sie vielfältige Pflanzen, Kunst, Möbel sowie Schmuck und Mode.

Gegen Vorlage dieses Coupons erhalten bis zu 2 Personen je 2 € Rabatt auf den Eintrittspreis.

Kinder in Begleitung eines Erwachsenen erhalten freien Eintritt.

ERSPARNIS: bis zu 4 €

GUTSCHEIN

18

Vier Cembali und Streicher im Schloß Borbeck

Äußerst selten sind sie zu hören, die höchst virtuosen und mitreißenden Concerti mit mehreren Cembali von Johann Sebastian Bach. Der Thomaskantor schrieb diese Konzerte zwischen 1729 und 1740 in Leipzig. Heute gelten sie als die ersten Klavierkonzerte der Musikgeschichte. Alle vier Cembalisten werden ihre eigenen Cembali mitbringen. Hinzu kommt ein Streicherensemble in der Besetzung 1. und 2. Violine, Viola, Violoncello und Kontrabass, das selbstredend ebenfalls auf historischen Instrumenten spielen wird.

STADT ESSEN

Gegen Vorlage dieses Coupons erhält eine Person ermäßigten Eintritt.

WERT: 5 Euro

GUTSCHEIN

16

Gegen Vorlage dieses Coupons erhalten Sie

1,50 €

Ermäßigung auf den regulären Eintrittspreis.

Kinder bis 16 Jahre haben freien Eintritt.

GUTSCHEIN

IndianSummer Schloss Lembeck

3. bis 6.10.2024
Do–So 10–18 h

Schloss Lembeck,
Schloss 1,
46286 Dorsten-Lembeck

Info-Telefon:
0202 – 283 220 0

Eintritt: 12,50 Euro,
Kinder bis 16 Jahre kostenlos

www.kunstmarkt.net

17

Gegen Vorlage dieses Coupons erhalten bis zu 2 Personen je 2 € Rabatt auf den Eintrittspreis.

Kinder in Begleitung eines Erwachsenen erhalten freien Eintritt.

ERSPARNIS: bis zu 4 €

GUTSCHEIN

Herbstpartie Burg Trips

03. bis 06.10.2024
Donnerstag bis Sonntag 10 bis 18 Uhr

Tripser Weg 11, 52511 Geilenkirchen
Info-Telefon: 02151 – 59 45 35

Eintritt: 10 Euro, Kinder bis 18 Jahre kostenlos
www.renomueller.de

18

Eintrittspreis: 25 €
ermäßigt 20 €
Kinder bis 15 Jahre kostenlos.

GUTSCHEIN

Vier Cembali und Streicher

Freitag, 11.10. um 19 Uhr

Schloß Borbeck, Schlossplatz 1, 45355 Essen

Karten zum Konzert gibt es im Schloß Borbeck, Tel. 0201-8844219 oder per Mail: kulturzentrum@schlossborbeck.essen.de

Krefelder Herbstzauber

Über 160 Aussteller halten ein herbstliches Repertoire für Sie bereit: Kulinarische Genüsse, schöne Dekorationen, Möbel, Kunst, erlesener Schmuck und Mode erwarten Sie. Ein umfangreiches Rahmenprogramm rundet den Herbstzauber stimmungsvoll ab.

Gegen Vorlage dieses Coupons erhalten bis zu 2 Personen je 2 € Rabatt auf den Eintrittspreis. Kinder in Begleitung eines Erwachsenen haben freien Eintritt.

ERSPARNIS: bis zu 4 Euro

GUTSCHEIN

19

Liedberger Landgasthaus

Landstraße 19
41352 Korschenbroich-Liedberg

Gemütliche Atmosphäre in einer ehemaligen Brauerei und Hofanlage aus dem 19. Jahrhundert mit den beiden Restaurants „Liedberger Stuben“ und „Picknick“ mit Wintergarten im Innenhof.

Vorwiegend regionale deutsche Küche mit mediterranen Einflüssen.

2 für 1

Bei der Bestellung einer Vorspeise erhält die zweite Person eine günstigere oder wertgleiche Vorspeise gratis dazu.

GUTSCHEIN

20

Hammer Weihnachtsmarkt

Genießen und erleben: in der Hammer City wird es (vor-) weihnachtlich. Vom 25. November bis zum 30. Dezember findet auf dem Marktplatz in Hamm der Weihnachtsmarkt statt.

IMPULS
Die Hammer Wirtschaftsagentur

Mit diesem Coupon erhält eine Person kostenfreien Eintritt zum Schlittschuhlaufen auf dem Hammer Weihnachtsmarkt.

GUTSCHEIN

21

19

Gegen Vorlage dieses Coupons erhalten bis zu 2 Personen je 2 € Rabatt auf den Eintrittspreis. Kinder in Begleitung eines Erwachsenen haben freien Eintritt.

ERSPARNIS: bis zu 4 Euro

GUTSCHEIN

Krefelder Herbstzauber

18. bis 20.10.2024
Fr 12–18 Uhr, Sa + So 10–18 Uhr

An der Rennbahn 4, 47800 Krefeld
Info-Telefon: 02151 – 59 45 35

Eintritt: 10 Euro,
Kinder bis 18 Jahre kostenlos
www.renomueller.de

20

Liedberger Landgasthaus

Landstraße 19
41352 Korschen-broich-Liedberg
Tel.: 02166/8 72 94
www.LLGH.de

Wir bitten um Verständnis, dass dieser Coupon nur in Verbindung mit zwei bestellten Hauptgerichten eingelöst werden kann. Coupon bitte bei der Bestellung abgeben. Keine Barerstattung möglich. Der Coupon ist gültig bis Ende 2024.

Liedberger Landgasthaus

EMPFEHLUNGEN AUS UNSERER SPEISEKARTE:

- Im Basilikummantel gebratener Mozzarella auf marinierten Tomatenscheiben mit australischen Salzflocken und 13 Jahre altem Balsamico
- „Liedberger Senfrostbraten" – Kerniges Rumpsteak mit Zwiebeln und Senf gebraten, dazu Bratkartoffeln und ein frischer Salat
- Crème brûlée von bester Tahiti-Vanille mit Schokoladeneis

Landstraße 19,
41352 Korschenbroich-Liedberg
Tel.: 02166/8 72 94
www.LLGH.de

Mi – So ab 11 Uhr Mittagstisch, Nachmittagskarte mit Kaffee und Kuchen, Abendkarte

21

Hammer Weihnachtsmarkt

Öffnungszeiten
Freitag und Samstag von 12 bis 21 Uhr
Sonntag bis Donnerstag von 12 bis 20 Uhr

Salzgrotte Oberhausen

In der Salzgrotte Oberhausen können Sie jederzeit für eine Stunde in einer gemütlichen Salzhöhle entspannen, oder Sie genießen 20 Minuten intensive Solevernebelung, wo der Salznebel tief in den Atemwegen wirkt.

22

2 für 1

Gegen Vorlage des Coupons bei einem Besuch der Salzgrotte oder der Solevernebelung in der SoleOase zahlt die zweite Person nichts.

Bitte Termin vereinbaren.

GUTSCHEIN

Yetigold Salzgrotte Düsseldorf

In der Yetigold Salzgrotte Düsseldorf entspannen Sie sich in der gemütlichen Salzhöhle, genießen den belebenden Salznebel in der SoleOase oder Sole-Sauerstoff-Oase oder die InfrarotTiefenwärme mit Salznebel.

23

2 für 1

Gegen Vorlage des Coupons bei einem Besuch zahlt die zweite Person im selben Raum nichts.

Bitte Termin vereinbaren.

GUTSCHEIN

Glowing Rooms

3D Schwarzlicht Minigolf, wie Ihr es noch nie gesehen habt.

Ihr spielt in einer einzigartigen Indoorminigolf-Schwarzlichtwelt. Die gesamte Anlage ist vom Boden über die Wände vollständig in strahlend bunten Bildern gestaltet. Unsere 3D Brillen erwecken die drei Spielwelten Tetuin, Space Habour und Space dabei mit fantastischen Effekten zum Leben.

In Europas größtem 3D Schwarzlicht Kunstwerk erwartet Euch der wetterunabhängige Freizeitspaß für Familien, Sportsfreunde und Feierabend-Athleten.

24

Mit diesem Coupon erhaltet Ihr bei einer Buchung von Schwarzlicht Minigolf ein Freigetränk nach Wahl.

Gültig für bis zu fünf Personen.

GUTSCHEIN

22

Preise:
Salzgrotte: 12 €
Solevernebelung: 8 €
Kinder unter
4 Jahren gratis

Gutschein gültig
bis Ende 2024

GUTSCHEIN

Salzgrotte Oberhausen

Langemarkstr. 11–13
46045 Oberhausen
Tel.: 0208-6947166
www.salzgrotte-oberhausen.de

Öffnungszeiten:
Mo bis Fr 10–18 Uhr
Sa 10–16 Uhr

Die Sitzung in der Salzgrotte beginnt immer zur vollen Stunde.

23

Preise:
Sole 8 €
Sole-Sauerstoff 9 €
Grotte 12 €
Infrarot 15 €

Kinder unter
4 Jahren gratis

Gutschein gültig
bis Ende 2024

GUTSCHEIN

Yetigold Salzgrotte Düsseldorf

Yetigold Salzgrotte Oberhausen
Kölner Str. 181
40227 Düsseldorf

Tel.: 0211-17838760
www.salzgrotteduesseldorf.net

Öffnungszeiten:
Mo bis Sa 10-20 Uhr

Die Sitzung in der Salzgrotte
beginnt immer zur vollen Stunde.

24

Glowing Rooms

Kettwiger Straße 6, 40233 Düsseldorf
+49 211 911 959 86

(Buchung nur online!)
kontakt@glowingrooms-duesseldorf.de

NEANDERTHAL MUSEUM

Multimediales Erlebnismuseum am legendären Fundort

Unweit des Fundortes, an dem vor mehr als 160 Jahren der weltberühmte Neanderthaler gefunden wurde, steht heute ein Erlebnismuseum mit über vier Millionen Gästen aus aller Welt. Gelegen mitten im wunderschönen Wander- und Naturschutzgebiet Neandertal erzählt es die Geschichte der Menschheit von den Anfängen in den afrikanischen Savannen vor mehr als vier Millionen Jahren bis in die Gegenwart. Auf dm neueröffneten Erlebnisturm Höhlenblick kann virtuell zurück in die Steinzeit gereist werden.

25

GUTSCHEIN

1 € Rabatt
auf ein Einzelticket
(Kind o. Erwachsener)
oder

2 € Rabatt
auf den Familienpreis.

NEANDERTHAL MUSEUM
Mettmann

LVR-Archäologischer Park Xanten und LVR-RömerMuseum

Willkommen im UNESCO-Welterbe

Auf dem Gelände der einstigen Römerstadt Colonia Ulpia Traiana lädt Deutschlands größtes archäologisches Freilichtmuseum zu einem anregenden Ausflug in die Geschichte ein. Das LVR-RömerMuseum, spannende Veranstaltungen zum Ausprobieren und Mitmachen, der riesige Abenteuerspielplatz und zahlreiche Rekonstruktionen bieten großen und kleinen Gästen vielfältige Anreize, sich der Römerzeit mit allen Sinnen zu nähern.

26

Gegen Vorlage dieses Coupons gibt es 3 € Rabatt auf den Eintritt in den archäologischen Park Xanten.

Gültig für eine Person.

GUTSCHEIN

KUNST UND KUNSTGEWERBE IN HISTORISCHER KULISSE

Ein Gebäude aus dem 16. Jahrhundert im Gleichklang mit modernster Architektur bestimmt das äußere Bild des Kreismuseums Zons. Im Inneren erwarten interessante wechselnde Ausstellungen die Besucher.

GLANZVOLLE VERANSTALTUNGEN

30.3.–1.4.2024, 11–18 Uhr
38. Ostereiermarkt „Kunst auf gewölbter Schale“
Fast 40 Teilnehmer präsentieren ihre faszinierend vielgestaltige und in unglaublicher Präzision ausgeführte Kunst auf der gewölbten Schale.

14./15.12.2024, 11–18 Uhr
45. Adventsmarkt. Handwerker bei der Arbeit
Ein stimmungsvolles Adventswochenende mit einem abwechslungsreichen Programm für Jung und Alt in bewährter Qualität. Für das leibliche Wohl ist bestens gesorgt.

27

Gegen Vorlage dieses Coupons erhalten bis zu 2 Personen eine

Ermäßigung von 1 €

auf den Eintrittspreis.

GUTSCHEIN

25

NEANDERTHAL MUSEUM
Talstr. 300
40822 Mettmann
Tel.: 02104-97970
Fax: 02104-979796
www.neanderthal.de

Der Coupon ist gültig bis Ende 2024

NEANDERTHAL MUSEUM

Öffnungszeiten Museum und Fundstelle:
Di–So 10–18 Uhr Mo sowie am 24., 25. und 31.12. geschlossen (außer Oster- und Pfingstmontag)
Kunstweg immer zugänglich
Veranstaltungen in der Steinzeitwerkstatt nur nach Anmeldung

Eintritt (inkl. Erlebnisturm Höhlenblick & Sonderausstellung):
Erw. 13,00 €, Kinder (6–16 Jahre): 8,50 €
Kinder (4–5 Jahre): 7,00 €, **Familien: 15 % Familienrabatt**

26

Eintrittspreise
Erwachsene 9 €
Kinder & Jugendliche bis 18 Jahren frei
ermäßigt 6 €

Coupon gültig bis Ende 2024

GUTSCHEIN

LVR-Archälogischer Park Xanten und LVR-RömerMuseum

Eingänge über die Trajanstraße, Am Amphietheater und Am Rheintor, 46509 Xanten

Öffnungszeiten
März bis Oktober:
täglich von 9 bis 18 Uhr
November:
täglich von 9 bis 17 Uhr
Dezember bis Februar:
täglich von 10 bis 16 Uhr

Mehr Infos unter www.apx.lvr.de

27

museum zons

Kreismuseum Zons
Schloßstr. 1
41541 Dormagen
Tel.: 02133-53020
Fax: 02133-5302292
www.kreismuseumzons.de

Geöffnet
Di–Fr 14–18 Uhr,
Sa/So/Feiertage 11–18 Uhr

Der Gutschein ist gültig bis 2024.

Kreismuseum Zons
Schloßstr. 1, 41541 Dormagen
Tel.: 02133-53020
Fax: 02133-5302292
www.kreismuseumzons.de

museum zons

Geöffnet: Di–Fr 14–18 Uhr, Sa/So/Feiertage 11–18 Uhr

Eintrittspreise regulär:
Erwachsene 4 €, Kinder bis 18 Jahre kostenfrei, Familien 7 €

Highlights:
- weltweit umfangreichste Kollektion an Jugendstil-Zinn aus der Zeit von 1895 bis 1910
- moderne, großformatige textile Wandbehänge des Künstlers Helmut Hahn
- Park Friedestrom „Ort der schönen Aussichten“

Regelmäßig kulturelle Veranstaltungen.

TerraZoo Rheinberg

Keine Angst vor kriechenden Tieren ist hier das Motto. Der Familienzoo in Rheinberg bietet etwa 300 wechselwarmen Tieren helle, saubere Lebensräume mit echten Pflanzen und Böden verschiedenster Herkunft. Besucher entdecken hier Reptilien, Amphibien und auch Wirbellose.

2 für 1

Gegen Vorlage dieses Coupons erhält eine zweite Person kostenlosen Eintritt in den TerraZoo in Rheinberg.

Wert: bis zu 12,50 €

GUTSCHEIN

28

NATUR- UND TIERPARK BRÜGGEN

Das ideale Ziel für den Familienausflug

In diesem Zoo sind sich Mensch und Tier ganz nah. Ziegen, Ponys, Antilopen, Kamele oder Affen sind nur durch dezente Zäune oder Gatter getrennt. Viele Tiere fressen aus der Hand (Futtertüten gibt es am Eingang), die meisten lassen sich auch streicheln. Nachwuchs gibt es im Natur- und Tierpark regelmäßig. Zu bestaunen ist auch ein Schlangenhaus.

Doch der kleine Park hat noch mehr zu bieten: eine große Kinderspielwelt mit Klassikern wie Einschienenbahn, Röhrenrutschen, diversen Karussells, Schaukeln oder Klettergerüsten und neuen Attraktionen wie das Spiel-Bauernhofhaus.

Für eine kleine Stärkung empfiehlt sich das Tierpark-Bistro. Im Sommer laden lauschige Grillplätze zum Grillvergnügen ein (nach Voranmeldung).

2 für 1

Der Eintritt für die 2. Person (günstiger oder wertgleich) ist gratis.

Wert: bis zu 11 Euro

Natur- und Tierpark Brüggen

Streicheln, füttern, staunen, toben und spielen im Wald.

29

Übernachten im Heu

Das besondere Abenteuer auf dem Moerenhof

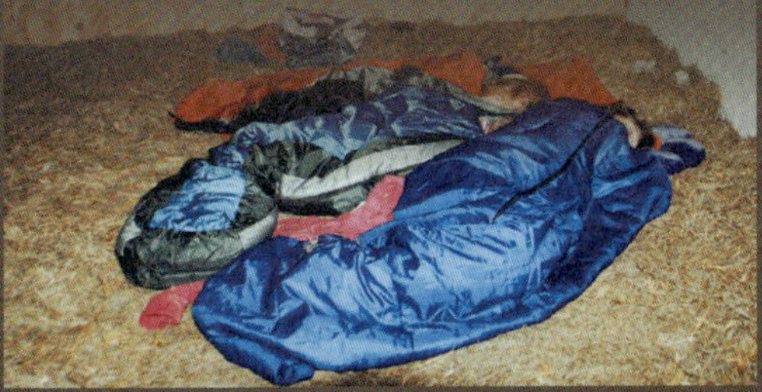

- Für Familien, Gruppen oder Einzelpersonen
- Kleines Heulager • Großes Heulager
- Mehrere Schlafbuchten • Rustikales Bauernfrühstück

Gegen Vorlage dieses Coupons erhalten Erwachsene ein Glas Sekt und Kinder ein Softgetränk bei einer Übernachtung im Heu auf dem Moerenhof dazu.

GUTSCHEIN

30

28

TerraZoo
RAS-Zoo GmbH
Melkweg 7
47495 Rheinberg

Tel.: 02843-901685
www.terrazoo.de

Der Gutschein ist bis Ende 2024 gültig.

GUTSCHEIN

TerraZoo
ZOOLOGISCHES INSTITUT
Sontra Rheinberg

Der TerraZoo ist ganzjährig geöffnet:
Di–So 10-18 Uhr, Mo geschlossen, in den Schulferien geöffnet

Am Maifeiertag, Heiligabend, 1. Weihnachtsfeiertag, Silvester und Neujahr geschlossen.

Eintrittspreise:
Erwachsene 12,50 €, Kinder (3–16 Jahre) 9,50 €
Familienkarten sind ab drei Personen erhältlich.

Aktuelle Infos unter www.terrazoo.de

29

Natur- und Tierpark Brüggen

Natur- und Tierpark Brüggen

Brachter Str. 98, 41379 Brüggen
Tel. 02163-5447
www.natur-und-tierpark brueggen.de

Gutschein gültig bis Ende 2024

ÖFFNUNGSZEITEN

Täglich vom 23.März bis zum 01. November von 9 bis 18 Uhr
Fahrgeschäfte, Bistro und Kiosk von 10 bis 17 Uhr

EINTRITT

Erwachsene 11,00 Euro
Kinder (3–14) 9,00 Euro

www.natur-und-tierpark-brueggen.de

30

Moerenhof
Ferienwohnung – Gästezimmer
Schlafen im Heu
Tel.: 02804-375 o. 182851
Bauerngolf
www.bauern-golf.de

Moerenhof
Mörmterer Str. 7
46509 Xanten
Tel.: 02804-375

moerenhof@gmail.de
www.moerenhof.de

Kosten: 19 € pro Person
Gültig bis Ende 2024

Lust auf ein Landerlebnis?

Der um die Jahrhundertwende erbaute und von der Familie Meurs liebevoll betriebene Moerenhof bietet gemütliche Ferienwohnungen, Gästezimmer, Schlafwagen und sogar Übernachtungen im Heu an.

Auf dem Bauernhof kann man nicht nur herrlich entspannen, sondern auch ein breites Freizeit- und Erlebnisangebot genießen. Ein Highlight ist beispielsweise der rustikale Trendsport Bauerngolf: Bewaffnet mit einem Holzschuhschläger gilt es, einen Lederball mit wenig Schlägen in einen Eimer zu befördern. Freizeitspaß in der Natur für Jung und Alt.

VARIETÉ ET CETERA

Das Bochumer Varieté gehört seit mehr als 30 Jahren zu den TOP-Adressen für Live-Entertainment im Ruhrgebiet.

Wechselnde Shows verzaubern die Gäste mit einem Erlebnis aus Artistik, Comedy und Gastronomie. Jede Show besteht aus einem erstklassigen Ensemble int. Artisten und Comedians, vereint in einer mitreißenden Aufführung. Die hauseigene Gastronomie überzeugt mit echten kulinarischen Top-Acts und ermöglicht ein ausgefallenes Dinner in stilvollem Ambiente und gemütlicher Atmosphäre. Ihr Erlebnis in Bochum!

ARTISTIK.COMEDY.GASTRONOMIE.

VARIETÉ et cetera BOCHUM
ARTISTIK.COMEDY.GASTRONOMIE.

31

2 Eintrittskarten mit einem Rabatt von je **10 €**

Parkett A: **30 €** statt 40 €
Parkett B: **25 €** statt 35 €

Gegen Vorlage dieses Coupons erhalten Sie für eine Vorstellung am Sonntagabend um 19 Uhr zwei ermäßigte Eintrittskarten (nicht einlösbar für Kombiveranstaltungen und Gastspiele).

Ersparnis **20 €**

NIEBUHRG THEATER

Das Schilda Theater in der Niebuhrg, auf der Stadtgrenze zu Duisburg gelegen, blickt mit Stolz auf mehrere Jahre deutschsprachiger Musical-Erfolge zurück. Unter der geschäftlichen Leitung von Holger Hagemeyer wurden jedes Jahr seit 1997 neue deutschsprachige Musicals uraufgeführt – mit guten Kritiken und stetig wachsender Zuschauerresonanz. Ob für Kinder oder Erwachsene, die Angebote sind vielfältig und über einen Zeitraum von 2 bis 3 Jahren zu sehen.

GUTSCHEIN

NIEBUhRG EVENTLOCATION www.niebuhrg.de

32

Gegen Vorlage dieses Coupons erhalten Sie **zwei Karten zum Preis von einer.**

Wert: bis zu 29 €

WARENDORF DIE STADT

Zwischen Drachen- und Katzenköppen

Kaum jemand kennt die Geschichte der Stadt so gut, wie die Warendorfer Gästeführer. Unter diesem Titel erwarten Sie die Besucher zur öffentlichen Altstadtführung in Warendorf.

WARENDORF DIE STADT

33

2 Personen zum Preis von 1 Person

Wert: 8 Euro

31

VARIETÉ et cetera BOCHUM
ARTISTIK.COMEDY.GASTRONOMIE.

Herner Str. 299
44809 Bochum
www.variete-et-cetera.de
TICKETHOTLINE
0234/13003

Der Coupon ist gültig
bis zum 31.03.2025
Nicht mit anderen
Rabatten kombinierbar

GUTSCHEIN

32

NIEBUHRG THEATER
Direkt am
Bahnhof Obermeiderich

NIEBUHRG
EVENTLOCATION www.niebuhrg.de

Niebuhrstraße 61-71
46049 Oberhausen/
47138 Duisburg
www.niebuhrg.de

Tel. 02 08/6 20 62 73
Tel. 02 03/3 93 91 72
Fax 02 08/86 00 71

Tickethotline:
02 08/86 00 72

Dieser Gutschein ist
gültig bis Ende 2024.

NIEBUHRG THEATER
Direkt am Bahnhof Obermeiderich
Niebuhrstraße 61-71
46049 Oberhausen/47138 Duisburg
Tel. 02 08/6 20 62 73
Tel. 02 03/3 93 91 72
Fax 02 08/86 00 71
www.niebuhrg.de

TICKETHOTLINE: 02 08 / 86 00 72

EINTRITT:
Erwachsene: 29 €
Ermäßigt (Behinderte, Rentner,
Studenten, Hartz-IV): 27 €

Jugendticket (bis 19 Jahre): 15 €
Gruppenkarte für 10 Personen: 20 €

33

WARENDORF
DIE STADT

Führung
„Zwischen Drachen- und Katzenköppen“

Ostern bis Oktober
sonntags
10.30 Uhr

Treffpunkt:
Historisches
Rathaus

Preis:
8 Euro

Tourist-Information
Emsstraße 4, 48231 Warendorf
Tel.: 02581-545454
www.warendorf.de

Servicezeiten:
Mo-Sa 10-13 Uhr, Mo-Fr 14-18 Uhr

34

Agentur für Zeitreisen, Quantenmagie und Abenteuer

Gutschein* über

15 €

*Pro Gruppe nur ein Gutschein.
Nicht mit anderen Rabattaktionen kombinierbar.
Gültig bis 31.03.2025

Team X - Vorgebirgstrasse 59 - 50677 Köln
www.teamx.koeln

35

Der Gutschein ist gültig bis Ende der Saison 2024.

Möhneseeschifffahrt GmbH
59519 Möhnesee
Schiff: 0170-8077793
E-Mail: info@moehneseeschifffahrt.de
www.moehneseeschiffahrt.de

Hauptanlegestelle:
Sperrmauer Möhnesee,
Möhnestraße 10,
59519 Möhnesee

MÖHNESEESCHIFFFAHRT GMBH

59519 Möhnesee
Schiff: 0170-8077793
E-Mail: info@moehneseeschifffahrt.de
www.moehneseeschifffahrt.de

Leise, sauber, voll elektrisch…"Der kleine Urlaub" mit gutem Gewissen.

HAUPTANLEGESTELLE:

Sperrmauer Möhnesee, Möhnestraße 10, 59519 Möhnesee
2024 von Anfang April bis Ende Oktober

Sonderveranstaltungen an Bord:
BBQ-Grillen auf See, Brunchbuffet, Ü-30-Party, Salsa und vieles mehr …

36

HOTZSPOTS

Paddeln auf der Niers

Hotzspots Georg Hotz
Schopsweg 3a
47669 Wachtendonk
Tel.: 02836-971801
www.hotzspots.de

Hotzspots Georg Hotz
Schopsweg 3a, 47669 Wachtendonk
Tel.: 02836-971801, www.hotzspots.de

Aus Naturschutzgründen können die Paddeltouren nur vom 15. April bis zum 31. Oktober gebucht werden.

Folgende Touren können gebucht werden. Preise auf Anfrage:
Tour 1: Langendonker Mühle bis Wachtendonk, Mietdauer: 3 Stunden
Tour 2: Oedt bis Wachtendonk, Mietdauer: 3,5 Stunden
Tour 3: Süchteln bis Wachtendonk, Mietdauer: 5 Stunden
Tour 4: Süchteln bis Langendonker Mühle, Mietdauer: 2,5 Stunden
Tour 5: Wachtendonk bis Geldern, Mietdauer: 5 Stunden

(Für Touren mit dem Schlauchboot verlängert sich die Mietzeit um etwa eine halbe bis eine Stunde.)

Tiki Kinderland

Der Familienhit im Bergischen Land

Obwohl das TIKI Kinderland in Solingen liegt, überkommt dich bald ein Urlaubsgefühl. Der Hallenspielplatz bietet auf 3500 m² pures Spielvergnügen für die ganze Familie.

2 für 1

Gegen Vorlage dieses Coupons erhält eine zweite Person kostenlosen Eintritt in das Tiki Kinderland.

GUTSCHEIN

37

TIKI
KINDERLAND

Katternbergerstr. 111
42655 Solingen
Telefon: 0212 – 814060
www.tiki-kinderland.de

Der Coupon ist nicht kombinierbar und nur einmalig einlösbar.

Gültig bis Ende 2024

Öffnungszeiten:
Mo, Do + Fr von 14–19 Uhr,
Sa + So von 11–19 Uhr
Di + Mi sind Ruhetage

In den Schulferien ist täglich von 11–19 Uhr geöffnet

Aktuelle Infos unter
www.tiki-kinderland.de

Alle Orte und Termine

Die Veranstaltungen sind nach Orten und innerhalb dieser nach Datum sortiert.

Alle Orte und Termine

Alle Orte und Termine

Alle Orte und Termine